AF363495

JEAN D'YVELET

Armand Fallières

PRÉSIDENT DE LA RÉPUBLIQUE

Lettre-Préface

PAR

Étienne RICHET

(Cliché *Paul Boyer*)

PARIS

ÉDITIONS POPULAIRES

RUE FAVART

—

1907

ARMAND FALLIÈRES

PRÉSIDENT DE LA RÉPUBLIQUE

JEAN D'YVELET

ARMAND FALLIÈRES

PRÉSIDENT DE LA RÉPUBLIQUE

(L'HOMME, LA VIE ET L'OEUVRE)

Lettre-préface par Étienne RICHET

ÉDITIONS POPULAIRES

18, rue Favart

PARIS

LETTRE-PRÉFACE

MON CHER CONFRÈRE,

*J'ai lu avec intérêt l'étude que vous avez con-
sacrée à M. Armand Fallières, président de la
République. Mais, à vrai dire, votre proposition,
me cause quelque surprise. Je n'ai point qualité
pour la présenter au public. Je n'ai fait que traverser, en hâte, les landes arides de la politique. et,
dans le domaine des lettres, je n'ai pas encore at-
teint l'âge où l'on pontifie avec bonheur et succès.*

*Il y a, au sein de chaque parti, des souvenirs,
des idées et des hommes qu'on n'ose discuter. Ils
sont placés au-dessus de la loi commune et, si l'on
en parle, ce doit être avec une solennelle et respectueuse insignifiance.*

Grâce à cette superstition, les opinions les plus

hétérogènes vivent en paix sous la même étiquette dans un état de promiscuité qui leur ôte toute force morale, jusqu'au jour tardif où elles reconnaissent qu'elles n'avaient de commun qu'une vaine dénomination et se séparent pour se déchirer.

Je ne saurais accepter, pour ma part, ces consignes serviles qui éternisent parmi nous tant d'équivoques mortelles à la liberté, et je vous félicite d'avoir parlé du premier magistrat de la République, en toute indépendance d'esprit.

Il n'y a pas de motif pour réserver un jugement que les foules sollicitent. Et ce serait faire injure au sentiment qui vous a inspiré que de traiter votre ouvrage avec la banale et complaisante indulgence qu'on prodigue aux apologies.

Ce que vous réclamez, c'est l'examen sérieux et raisonné : un autre accueil serait indigne de la pensée qui l'anime. Tout en parlant avec une sorte de piété filiale de notre président, vous n'avez jamais oublié que vous étiez tenu d'apporter un document au tribunal de l'histoire. Vous pouvez vous présenter sans crainte : vous y serez favorablement accueilli....

En retraçant la vie d'un grand citoyen, vous avez donné un salutaire exemple à la nation, en *même temps que mis au point, pour l'édification de nos neveux, un document de premier ordre. Il m'est agréable de le noter ici et je vous remercie de m'en avoir fourni l'occasion.*

Veuillez agréer, mon cher confrère, l'expression de mes sentiments les meilleurs.

ETIENNE RICHET.

Nice, 10 décembre 1906.

I

CONSIDÉRATIONS GÉNÉRALES

ARMAND FALLIÈRES

I

CONSIDÉRATIONS GÉNÉRALES

Si jamais l'expression de belle intelligence, dont abuse l'enthousiasme banal, peut être appliquée avec justesse, c'est assurément à M. Armand Fallières, président de la République Française. Intelligence vraiment belle, en effet, et harmonieuse, que celle où les dons les plus naturels de l'esprit et les ressources les plus variées de l'étude, les hardiesses de l'inspiration, et les finesses du sentiment politique, toutes les puissances en un mot, et toutes les grâces sévères se mêlent et se tempèrent dans de justes et nobles proportions.

Dans la brillante pléïade de la troisième République qui a combattu au Parlement, par la parole et par l'œuvre, M. Fallières a représenté pendant trente ans, avec une sorte de fierté complaisante, ce qui, au milieu du conflit des idées nouvelles, risquait le plus de se perdre, la tradition républicaine.

Cette tradition de liberté, de patriotisme et de bon sens ; cette espèce de solidarité toute morale des sages doctrines et du beau langage, qui est une des forces principales de la raison oratoire, M. Fallières l'a dignement maintenue, même dans la première chaleur de ses débuts parlementaires, même dans sa conception de la « plus grande France ».

Il la défend encore avec la même autorité, mais avec une sympathie plus particulière, un accent plus ferme maintenant que le pays entier a les yeux fixés sur lui.

L'alliance étroite des grandes idées morales et philosophiques qui ont fait la fortune de l'humanité lui est devenue chère : il y attache

sa réputation d'homme d'Etat, ses plus conso-
lantes pensées de l'heure présente et ses plus
solides espérances pour l'avenir de la raison et
de la science humaine.

Esprit toujours jeune et ardent, il semble
qu'il ne veuille se résigner à vieillir qu'avec les
idées, éternellement durables, des choses qui
ne passent point, et qui défient la mort.

Nous voulons ici rendre hommage à un de
ces grands talents qui font honneur à un siècle,
et en accusent avec le plus d'éclat la pensée,
le mouvement et la vie : Nous nous bornerons
donc à suivre sa carrière pas à pas et à rechercher les traits les plus expressifs de cette
physionomie si vive, où les généreuses passions d'une époque qui s'en va ont laissé leur
empreinte ; ce qui est peut-être la meilleure et
la plus simple manière de résumer les services
de cet esprit si riche et si compréhensif.

La difficulté que peut offrir la composition
de cette biographie n'est point celle que présente la vie des hommes illustres de jadis : la

rareté des documents, l'ignorance des faits ;
c'est plutôt l'abondance des matériaux, la né-
cessité de se borner et de choisir.

Le nombre des ouvrages où il est question
de M. Fallières est considérable et ce n'est
point une petite tâche de se les procurer tous
et de les lire. Outre les biographies proprement
dites, on a écrit sur le Président de la République une quantité respectable d'opuscules,
traitant les uns, de telle ou telle circonstance
de sa vie, les autres, de tel ou tel aspect de
son talent, de tel ou tel moment de sa carrière
politique. Joignez à cela les commentaires ;
les discours et les discussions insérés pendant
trente ans au *Journal officiel* et dans les feuilles
parisiennes, etc.

Au milieu de cette richesse de documents,
l'embarras, nous le répétons, est de choisir et
d'élaguer. Dans l'histoire d'un homme d'État
qu'on admire et qu'on aime, tout paraît inté-
ressant.

L'on se décide avec peine à retrancher ou

taire de la vie soit publique, soit privée, qui souvent exercent, l'une sur l'autre, une si grande influence; et ce ne sont pas toujours les faits les plus importants, en apparence, par eux-mêmes, qui l'ont été le plus par leurs effets.

Il peut y avoir tel petit détail qu'on est tenté d'omettre, qui éclaire certaines nuances de l'esprit, révèle certain fait, marque le vrai point de vue où il faut se placer pour juger un homme.

Nous sommes obligés de nous renfermer, hélas! dans un cadre relativement restreint. Mais nous tâcherons de garder un juste milieu entre le trop et le trop peu, n'osant espérer pour cela qu'on nous juge ni trop long ni trop court; nous savons combien il est rare de mériter un tel éloge, pour peu qu'on s'étende, d'intéresser assez pour ne pas paraître trop long.

Si, pour les faits, nous puiserons consciencieusement au cours de cette étude, à toutes les sources dignes de foi, pour les appréciations qui occuperont une assez grande place, nous tien-

drons sans doute à savoir l'opinion des esprits
les plus éminents de notre époque, mais en
même temps nous croirons devoir garder la plus
entière indépendance.

Il va sans dire que beaucoup d'auteurs sont,
à certains égards, plus compétents que nous
pour juger les plus illustres enfants de la République, et en particulier M. Fallières ; mais, d'un
autre côté, un écrivain, qui ne se prononce qu'a-
près un sérieux examen et en connaissance de
cause, peut espérer de rester plus dégagé de
toute admiration préconçue, de toute préven-
tion partiale.

Le point de vue change d'un homme à un
autre homme, comme d'une époque à une autre
époque.

Ces gloires-là seules deviennent, de natio-
nales, universelles, celles-là seules passent d'un
âge à tous les âges, qui résistent aux épreuves
des temps et des lieux ; et M. Fallières, dans sa
vie publique comme dans sa vie privée, qui
sont sa vraie couronne, n'a point à les redouter.

II

MÉZIN. — L'ENFANCE. — LES INFLUENCES FAMILIALES

II

MÉZIN. — L'ENFANCE. — LES INFLUENCES
FAMILIALES.

M. Armand Fallières est né à Mézin (Lot-et-
Garonne), où son père exerçait les fonctions de
greffier de la justice de paix, le 6 novembre
1841.

Là, le petit Armand, enfant très délicat de
corps, d'esprit et de cœur, trouva dans la personne de son père un premier maître, dont la
figure à la fois austère et douce et le noble caractère, firent sur son âme une salutaire im-
pression et y laissèrent un ineffaçable souvenir.

Au milieu des agitations naturelles au jeune
âge, sa pensée se reporta, non sans regret sans
doute, sur sa pure et tendre enfance, et sur

l'homme vénéré qui était demeuré pour lui un touchant idéal de vertu.

Ce fut vers l'âge de six ans qu'on l'initia aux premiers éléments de la langue latine, et l'année suivante à ceux de la langue grecque.

Nous n'avons nulle envie de faire ici de notre naïf écolier un génie précoce digne de figurer parmi les enfants célèbres. Il était bien doué, avait l'esprit curieux, vif et facile, le cœur bon, tendre, aimant, mais sans rien d'extraordinaire, rien qui fît de lui une brillante exception.

Il commença par être comme tout le monde.

Les dons que lui avait faits la nature se développaient en lui, à son insu, à l'insu des hommes. Les cheveux blonds qui flottaient sur sa tête n'avaient point d'auréole ; ses yeux expressifs, point de regard d'aigle.

Nous aimons mieux le voir ainsi, nous l'avouons, le voir tel que nous le montrent les souvenirs les plus dignes de foi, simple et naturel, point bizarre, préservé des dangers de la vanité et de l'admiration de soi-même, qui offusque l'esprit et gâte le cœur, que de nous extasier devant le petit prodige que pourraient nous représenter certains récits fabuleux.

Laissons du moins à ces hommes qui dominent par la pensée et qui souvent, dans le reste de la vie, payent si cher le privilège du talent, la douce insouciance et la sérénité de l'enfance.

Quelle que doive être la carrière, c'est là le meilleur début.

Pourquoi donc une nature à part, dès l'entrée dans le monde, à ceux qui ne furent grands que pour avoir possédé plus pleinement, plus richement la commune nature, les vraies qualités humaines ?

Mézin, chef-lieu de canton de l'arrondissement de Nérac, est situé sur un paisible coteau d'où l'œil s'étend à perte de vue sur une contrée aussi riche que variée.

Les environs immédiats ont un aspect à la fois aimable et sévère. De minuscules ruisselets serpentent dans de vastes prairies, au pied des hauteurs couvertes de vieux chênes. De loin en loin, des pointes aiguës de rochers dominent collines et vallons. Çà et là sont des ruines de tours, de châteaux-forts qui rappellent l'éclat et la vanité des terrestres splendeurs.

Et à tous ces lieux, aux grandes scènes de la nature comme aux monuments des annales humaines, l'imagination populaire, si féconde, si poétique dans les contrées du sud-ouest, attacha de si belles et fantastiques légendes que, dans l'humble demeure adossée à l'église de Mezin où est né le président de la République, sa mère, Mme Fallières, les lui racontait.

Heureux ceux qui pour guider leurs premiers pas dans l'existence ont des parents tels que le greffier de paix de Mézin et sa digne compagne!

Des vieillards consultés par nous, à Mézin, nous ont dit que le père comme la mère de M. Fallières étaient des modèles de probité, d'ordre et de modération.

L'enfant, à si bonne école, se montrait docile, appliqué, heureux de bien faire.

Le petit Fallières n'avait, dit-on, qu'un seul défaut opiniâtre, celui de donner à des malheureux tout ce qu'il avait.

Un jour le digne greffier remarque que les souliers de son fils n'ont plus leurs petites boucles et sont attachés avéc de simples cordons.

Il l'interroge et l'enfant répond :

— Il ne faut pas m'en vouloir, papa... J'ai donné mes boucles de tous les jours à un pauvre petit; il ne les mettra que les dimanches... Tu sais que j'en ai, moi, une autre paire pour les dimanches.

On trouvera peut-être que nous insistons trop sur ces souvenirs d'un âge si tendre ; mais nous sommes de l'avis des anciens et nous croyons que les hommes se forment dès le berceau.

Les premières influences sont décisives ; c'est surtout au début de la vie, quand les yeux commencent à voir, l'oreille à entendre, l'esprit à comprendre que l'âme, plus passive encore qu'active, fait sa provision pour le voyage d'ici-bas.

L'expérience chaque jour accroîtra le trésor, mais le premier fonds, le fonds inépuisable, ce seront toujours, presque toujours les images, les sensations du premier temps.

Les pluies, les orages gonflent le lac, mais sous les ondes est le même lit, au-dessus le même ciel qui d'abord s'y refléta.

Dans M. Fallières, en particulier, ces heureuses impressions de l'enfance nous paraissent avoir laissé des traces profondes.

Il ne se rencontre plus dans le reste de sa vie aucune influence aussi salutaire, aucune qui, après sa généreuse nature, nous explique aussi bien, ce me semble, cet amour de la liberté et de la République qui l'anima toujours, au milieu des tendances les plus diverses, cet idéal d'humaine perfection qui ont fait le charme harmonieux de sa vie...

III

AU LYCÉE D'AGEN — L'ÉTUDIANT
DE TOULOUSE

III

Au Lycée d'Agen, — L'Étudiant de Toulouse.

Après avoir appris à Mézin ses premières leçons, Armand Fallières fut envoyé au lycée d'A-
gen.

A cette époque les langues anciennes avaient
toutes les sollicitudes des grands maîtres de l'U-
niversité.

Dès la septième on étudiait le latin. En si-
xième on apprenait le grec. Si nous en croyons
ses notes, le futur président de la République
s'appliqua surtout aux vers latins et l'emporta
dans cet exercice sur tous ses condisciples.

Dans les occasions solennelles, c'était lui
qu'on chargeait des harangues poétiques. On a
conservé du temps où il débutait dans les études
classiques et n'en était qu'aux premiers élé-

ments, un petit essai : des strophes latines, d'une latinité d'ailleurs assez équivoque, adressées à son professeur à l'occasion de sa fête.

Nous savons par un compagnon d'étude de cette époque lointaine que M. Fallières n'avait point le cœur banal et n'était attaché qu'à un petit nombre d'amis intimes, mais tous le considéraient, et c'était généralement lui qui donnait le ton dans les jeux. Il était pétulant, de bonne humeur et n'avait jamais peur de rien.

Vers la fin de son séjour à Agen, au moment de subir les épreuves du baccalauréat, il devint gauche et timide ou plutôt farouche, et se passionna pour l'étude. Ses maîtres étaient obligés de le modérer.

On restait, à cette époque comme aujourd'hui, au lycée jusqu'à dix-huit ans. Les futurs bacheliers allaient subir leurs examens à la Faculté des Lettres de Toulouse alors réputée et ceux qui obtenaient de bonnes notes et étaient reconnus capables, commençaient après les vacances leurs études de lettres, de droit ou de médecine.

Armand Fallières se distingua dans ces diverses épreuves. Les progrès en latin, en grec et en français lui valurent des notes de choix.

Voilà une preuve, s'il en fallait, encore une preuve, que la vigueur, la liberté, la fougue même de l'esprit n'excluent pas nécessairement l'application, et, d'un autre côté, que l'étude des lettres antiques ne coupe pas les ailes d'une jeune imagination et qu'elle peut être une bonne discipline pour qui doit s'ouvrir des voies nouvelles.

Après avoir bien songé au choix d'une carrière — il hésite entre l'étude de la médecine et celle du droit — il se fait inscrire à la Faculté de Droit de Toulouse...

Lecteur des chansons de Béranger comme il le rappelait récemment dans un discours désormais célèbre, et poète aussi, comme on l'est à vingt ans, ce n'est pas dans les Pandectes qu'on trouve les frais bocages et les oasis rêvés... Il les regrette peut-être un peu, mais n'ajoute-t-il pas aussitôt :

Felix qui potuit rerum cognoscere causas ?

Et parmi les mystères de ce monde en est-il de plus propres à tenter la curiosité de l'esprit que ceux de l'organisation par la loi des sociétés nouvelles.

Il est facile, on le voit, de tout expliquer chez les hommes célèbres, par de grandes raisons, d'heureux instincts.

Mais, sans chercher si loin, l'inconstance de la jeunesse, le dégoût qui vous prend si vite pour une étude qu'on néglige, et le désir d'être agréable à ses parents qui trouvaient que la poésie et les lettres étaient suivies avec trop d'amour, suffisent à nous dire pourquoi le jeune Fallières se lança résolument dans l'étude du droit.

C'est, paraît-il, vers cette époque, qu'il fit connaissance avec Paul-Louis Courrier. Dans une leçon de philosophie, un de ses maîtres dont il garda toujours le plus cher souvenir, avait lu, comme exemple, un passage des œuvres du célèbre polémiste.

Etonné, plutôt que ravi, à la vue de ce nouveau monde qui s'entr'ouvre devant lui, Armand Fallières, à la fin de la leçon, prie son professeur de lui prêter le livre.

Il le lit, le dévore en cachette, en subit la puissante influence, mais non sans se défendre contre elle.

Une vérité si réelle, si entière, si profonde, n'est point le fait d'une imagination neuve.

Habitué à chercher l'auteur dans son œuvre, à y rencontrer son cœur, il est insupportable pour un jeune homme de ne pouvoir saisir l'écrivain dans son intimité, de ne pas comprendre non plus la nature de première main.

Mais bientôt, Armand Fallières devait comprendre et admirer pleinement ce merveilleux penseur, plonger dans ce regard à qui rien n'échappe, cette langue qui dit tout et mêle tous les tons, ce génie sans ménagements qui vous plonge soudain de la lumière dans les ténèbres.

du haut des sommets les plus élevés dans les plus profonds abîmes. Vraiment unique pour voir ce que nul n'a vu et ce que chacun reconnaît aussitôt, le sublime uni à l'étrange, le beau au laid, l'ironie à l'enthousiasme...

Mais revenons à l'étudiant de Toulouse. Ayant passé ses examens avec succès, il rentra dans sa ville natale qu'il quitta bientôt pour se faire inscrire au barreau de Nérac. Là commence sa carrière publique que nous allons étudier dans toutes ses phases.

L'AVOCAT. — LE MAIRE DE NÉRAC

IV

L'Avocat. — Le Maire de Nérac

En quittant la vallée de la Garonne, ce pays superbe, épanoui, trop violent parfois, Nérac est si charmante, si douce aux yeux et si calme qu'elle repose la vue.

La ville nous offre un coin voilé, presque pensif, qui met une sourdine à ses caresses, un voile à ses beautés. Elle possède une garenne délicieuse, qui évoque de gracieux souvenirs. C'est l'ancien parc d'Henri de Navarre, un paradis terrestre en raccourci.

Certains le retrouvent à Ceylan ; d'autres sur les glaces du Pamir.

Si tout est symbole, le Paradis n'est-il pas l'image du bonheur ? Et le bonheur, c'est pour les uns la folie, la vie courte et bonne ; pour d'autres, c'est la douce paresse dans l'attente placide ; pour quelques-uns dont fut le vénéré Président de la République, c'est la lutte, la belle lutte de chaque jour.

C'est se créer son but toujours plus haut, toujours plus noble. Et pour ceux-là, n'est-ce pas, M. Fallières, leur Paradis est dans le cœur ?

A peine inscrit au barreau de Nérac le jeune avocat y acquit une grande réputation. Il y défendit, une à une, toutes les victimes de l'opposition. Et l'on ne saurait croire combien il fut estimé de n'avoir pas donné dans le travers, si commun de notre époque, de gens qui n'ont pas leur franc-parler et ménagent la chèvre et le chou.

Républicain de tradition et d'instinct, Armand Fallières lutta contre l'Empire. Il y mit tout son cœur, toute sa fougue juvénile. Il n'eut pas peur de dire très haut à ses adversaires ce que beaucoup pensaient tout bas, en tremblant peut-être... Et c'est pourquoi, son courage civique lui valut sa première conquête politique.

Nommé maire de Nérac, il conserva ses fonctions jusqu'au 25 mai 1873.

Et, à ce sujet, un souvenir nous revient à la mémoire. C'était pendant les fêtes présidentielles du 29 septembre 1906. Nous eûmes l'occasion de passer une soirée chez un partisan de M. Fallières.

Pour ce vieux républicain, ce Vaillant dont il fut un compagnon actif et dévoué, est un peu le bon dieu et le Président disparu — nous souhaitons que cela soit dans bien longtemps — il est évident que le soleil ne tournera plus et que sa vie à lui, Néracais, sera terminée.

— Savez-vous bien, nous disait-il que c'est nous qui l'avons fait notre président ? C'est nous qui, dès 1876, avons envoyé à la Chambre des Députés le jeune avocat républicain qui s'était maintes fois distingué en défendant des causes politiques, restées mémorables... Notez qu'il y avait alors du mérite — c'était au Seize Mai — à défendre la République et la liberté... Non, monsieur, les habitants de Nérac n'oublieront jamais avec quelle fougue généreuse M. Fallières se jeta dans la mêlée, apportant le concours de son éloquence aux victimes de la réaction alors triomphante. Nous l'avons toujours réélu jusqu'en 1886, époque où il devint sénateur. Vous connaissez depuis sa brillante carrière. Je n'insiste pas. En tout cas n'oubliez point de dire à Paris combien nous l'aimons.

Si nous insistons à notre tour et si nous faisons appel au témoignage d'un honorable habitant de Nérac, c'est qu'il faut qu'on sache combien notre premier magistrat est adoré de ceux qui l'ont toujours connu.

Pour une fois — et c'est tant mieux ! — ce proverbe « nul n'est prophète en son pays » n'aura pas été exact.

Oui, c'est bien ainsi que nous nous imaginions M. le président de la République. Sans doute nous le connaissions mais ce n'était pour nous qu'un homme public... Aujourd'hui seulement nous découvrons l'homme intime.

C'est, durant son séjour prolongé à Nérac,

que M. Fallières s'est marié... Et que pourrait-on dire de l'admirable compagne de la vie du Président, sinon la saluer discrètement et respectueusement au passage?..

M. et Mme Fallières aiment les humbles et ils sont aimés d'eux...

Il est si bon de travailler pour les déshérités dans un but absolument désintéressé.

Rien n'est meilleur que d'être aimé, sinon d'aimer soi-même.

Inspirer de la tendresse à tout ce qui nous entoure depuis les plus intelligents aux plus naïfs, se faire aimer des grands et des tout petits, des enfants et de tout ce qui est susceptible de s'attacher; et aimer plus encore, et donner plus encore, c'est là toute la vie !

V

LE DÉPUTÉ DE NÉRAC. — LES PAYSANS ET LA RÉPUBLIQUE.

V

LE DÉPUTÉ DE NÉRAC. — LES PAYSANS ET
LA RÉPUBLIQUE.

Après chaque élection législative, nombreux
sont les philosophes qui viennent nous expliquer les causes de nos échecs et de nos succès.

Pour l'un, le mal vient des divisions de parti
et de la propagande dissolvante. L'autre s'en
prend aux inquiétudes causées par telle question primordiale. Ceux-ci prétendent qu'on a
trop versé à droite ; ceux-là, qu'on a trop pen-
ché à gauche. Bref on a mal fait, on a trop fait,
on n'a pas assez fait, on n'a rien fait du tout.
Sortez de là si vous pouvez.

Nous avons, pour ce qui nous concerne,
horreur de ces médecins qui viennent, la crise
passée, tâter le pouls du malade et donner des

consultations que personne ne leur demande.

Nous savons bien qu'une crise soudaine et inattendue, comme celle de 1876 qui devait servir de cadre aux débuts d'Armand Fallières dans la politique générale, ne peut être attribuée à une cause unique ; nous avouons même — après trente ans passés ! — que, dans les divers motifs allégués à droite et à gauche pour le profit d'une secte ou d'un parti, il y a une part de vraisemblance.

Mais au lieu de prêter au corps électoral des vues trop vastes pour sa compréhension, ne vous semble-t-il pas qu'il soit d'une meilleure méthode d'observer le peuple lui-même dans l'exercice de son droit de souveraineté ?

Et, si chaque candidat, à quelque parti qu'il appartienne, avait comme Armand Fallières, bien étudié son coin de province, s'il avait noté au jour le jour, aussi impartialement que possible, les impressions de son auditoire dans les réunions publiques et les confidences de ses électeurs dans ses visites particulières, ne pensez-vous pas que ces observations prises sur le vif formeraient la matière d'une enquête qui aurait sur celles qui ont été votées par la Chambre deux avantages : celui d'être sincère et celui de ne rien coûter à l'Etat.

M. Fallières, envoyé à la Chambre par la confiance des habitants de l'arrondissement de Nérac, n'était pas de ceux qui disent, quand ils arrivent au Parlement tout gonflés de leur importance nouvelle : « Le pays pense, le pays veut, le pays désire... »

Dans une république comme la nôtre, où règne plus qu'on ne le croit à Paris l'esprit de province le particularisme, ce grand mot : « Le Pays », prononcé à la tribune, n'a jamais eu pour lui que la valeur d'une métaphore...

On ne pense pas et on ne vote pas dans les Alpes-Maritimes comme dans la Seine-Inférieure, ni dans les Hautes-Pyrénées comme dans la Vendée ; car, si rudes travailleurs, qu'ont été nos pères de la première Révolution quand ils ont taillé, à coups de hache, une République une et indivisible, ils n'ont pu effacer dans les vieilles provinces toutes les nuances de coutume, de langage et d'opinion...

Sans doute, quand M. Fallières fut candidat pour la première fois, grâce à lui, la ville de Nérac était déjà, depuis les dernières années de l'Empire, absolument conquise à la République. Par contre, la campagne restait fidèle à ses vieilles mœurs, l'influence du clergé y était entière et souveraine. Race honnête d'ailleurs, de sens rassis, solide, tenace et vigoureux.

Malgré tout, religieux sans être cléricaux, par une de ces contradictions plus apparentes que réelles, on trouvait, dans ce pays qui avait connu Henri de Navarre, des cantons qui conciliaient fort bien leur amour pour la messe avec une certaine ferveur républicaine.

Mais, si on voulait aller au fond des choses, c'était encore en 1876 un bloc plébiscitaire, qu'il fallait combattre. Armand Fallières, à vrai dire, en triompha sans peine.

Dans ses tournées électorales, il interrogea, il écouta, il découvrit ceci : c'est que les paysans du Lot-et-Garonne, comme ceux de presque tous les départements, n'entendaient, absolument rien au jeu de notre machine parlementaire, beaucoup trop compliquée pour eux : ils ignoraient, dans ses détails, les attributions de la Chambre, du Sénat, du Président. Ils croyaient à cette division des trois pouvoirs de confiance, comme certains d'entr'eux croyaient à la Sainte Trinité.

De la liberté de la presse, du droit de réunion d'association ils paraissaient se soucier médiocrement ; si même on les serrait d'un peu près, on leur faisait dire facilement que nous n'avons que trop de liberté, que le seul régime respectable est celui qui se fait respecter, et qu'il n'est pour être obéis, que les gouvernements forts.

Quand, par hasard, dans certaines communes arriérées, il arrivait au futur président de la République de rencontrer un républicain

avéré, un homme engagé, compromis dans sa
cause, ses révélations étaient parfois navrantes :

— Nous sommes, disait-il, isolés et presque
excommuniés dans notre paroisse. Le curé nous
signale en chaire et nous nomme par nos noms.
L'autorité ne nous protège pas, et nous sommes,
nous républicains, en république, comme si
nous étions de l'opposition.

Ce langage trop souvent répété ne tomba pas
dans l'oreille d'un sourd. A côté des grands
principes dont ils entendaient parler d'une
oreille distraite, M. Fallières traita devant les
paysans, de leurs franchises communales, des
droits protecteurs de leur industrie, de ce qui
les fait vivre, de ce qui leur assure le pain jour-
nalier.

Et ce fut le succès, le succès durable, le
succès définitif... Dans sa carrière politique, si
longue et si noblement remplie, le Président
de la République ne devait pas connaître un
échec, pas un déboire... L'un des 363, il fut
réélu, député de Nérac, après le 16 mai, le

14 octobre 1877, contre M. Camille Dolfus, candidat du maréchal de Mac-Mahon.

Il n'est pas un vieux républicain qui n'ait gardé le souvenir des luttes mémorables de cette époque... Tandis que le parti réactionnaire groupait ses forces et les préparait savamment à un effort commun ; tandis qu'il jetait dans la balance électorale le poids de toutes les influences réunies, intimidant les uns, cajolant les autres et cachant son drapeau, les républicains se ressaisissaient et montaient à l'assaut pour claironner bientôt et bien haut la victoire.

Le scrutin de 1877 répara l'outrage qu'on avait fait subir à la nation ; il affirma sa volonté. A cette époque, le suffrage universel s'est reconnu ; il a fait miracle ; il a brusquemen coupé court aux espérances de la réaction.

Et pourquoi cela ? D'abord parce que les électeurs se sont trouvés en face d'une question simple et qui se résume en deux mots : République ou Monarchie ; ensuite, parce que les nôtres, avertis par le danger, étaient revenus à l'union — à cette union disciplinée qui fait la force des partis.

Nous avons dit — comment et pourquoi — M. Fallières fut élu et réélu député de Nérac... Nous allons le suivre maintenant, pas à pas, dans toutes les manifestations politiques, dans les nombreuses charges publiques qu'il a si brillamment remplies.

A une scène nouvelle il fallait des hommes nouveaux : M. le Président de la République prit place, dès les débuts, au premier rang, parmi les Gambetta, les Ferry, les Waldeck-Rousseau, etc... Il fut, comme eux et à côté d'eux, un de ces parlementaires de premier plan dont un pays s'honore, dont les générations qui se succèdent conservent le souvenir ému.

VI

DÉBUTS PARLEMENTAIRES. — LES DÉCRETS FERRY

Débuts parlementaires. — Les Décrets Ferry.

L'entrée de M. Fallières au Parlement coïncida avec celle du premier cabinet républicain présidé par M. Dufaure. Il se lia avec Gambetta et Jules Ferry.

Ami des bons et mauvais jours, le jeune député de Nérac s'attacha surtout à ce dernier qui le nomma sous-secrétaire d'État en mai 1880, dans le cabinet dont il prit la présidence.

On sait l'impopularité de Jules Ferry dont les ennemis ne désarmèrent que devant son cercueil.

Cette impopularité, contre laquelle M. Fallières protesta toujours très hautement, il ne serait pas mauvais d'en rechercher ici les éléments — puisque leur vie politique fut, somme toute, liée l'une à l'autre.

C'est pendant le siège de Paris qu'on a entendu parler pour la première fois de l'impopularité de Jules Ferry. Il fut alors « celui qui affama les Parisiens ».

Comment a-t-il affamé les Parisiens ? Avait-il eu à préparer de longue main l'approvisionnement de Paris ? Non, du 9 août au 4 septembre ce soin incomba au ministère Palikao. Le 5 septembre seulement Jules Ferry put se mettre à l'œuvre ; le siège commença le 18. Ce n'est pas en treize jours qu'on peut approvisionner, pour si longtemps, une ville comme Paris. Seulement comme il était de ceux qui entendaient pousser la résistance jusqu'au bout, il constata bientôt qu'on n'irait pas loin si la population toute entière ne se soumettait au rationnement. C'est donc grâce à lui que Paris a dû de pouvoir résister pendant cinq mois à toutes les forces de l'Allemagne et à ne capituler qu'au moment précis où la faim allait sévir sur deux millions d'âmes.

Au lieu de savoir gré à l'homme qui avait rendu possible cet héroïsme on l'a appelé « Ferry-famine »...

Plus tard cette impopularité injustifiée a suivi M. Ferry et ses collaborateurs.

Demandez tout d'abord aux hommes politiques de l'heure actuelle de vous parler de l'article 7. Combien peu nombreux sont ceux que ce chiffre fatidique met en émoi !... Cela prouve qu'en politique on peut avoir la rancune tenace et la mémoire courte.

Le rejet de l'article 7 par le Sénat amena la mise en vigueur des lois contre les congrégations non autorisées. On rentra simplement dans une tradition constante, nationale, qu'ont suivie l'ancien régime, le Premier Empire, la Monarchie de juillet et le Second Empire.

A-t-on assez parlé des violences commises au lendemain des « décrets Ferry » auxquels s'associa M. Fallières — ce que trop de jeunes républicains oublient aujourd'hui — contre les portes de certaines maisons religieuses ? Et cependant combien cela fut anodin. En Espagne et en Italie, pays catholiques, on a supprimé les couvents et confisqué leurs biens. Chez nous, à cette époque-là, on ne supprima pas un monastère, grâce au futur Président de la République ; si l'on a fait respecter la loi, on a montré un respect scrupuleux de cette propriété monastique, quelque spécial qu'en fût le caractère.

Il faut nous reporter à l'époque où ces deux décrets furent édictés ! On était au lendemain de la campagne électorale qui suivit le 16 Mai et qui avait été menée comme une guerre de religion.

A cette époque, la Cour de Rome n'était pas encore entrée dans les voies de la pacification religieuse, et le clergé politicien se croyait tout permis dans la République.

D'autre part, les républicains étaient encore dans l'ardeur de la lutte, dans la fureur de l'assaut. Etaient-ce des représailles bien cruelles que d'avoir simplement rappelé quelles étaient les lois qui régissaient les congrégations ; d'avoir dans le conseil supérieur de l'instruction publique, remplacé les évêques par des professeurs ; d'avoir statué que les grades universitaires auxquels l'Etat attache certains privilèges seraient conférés uniquement par les facultés de l'Etat ? Voilà en quoi consistait l'atrocité des lois Ferry, que M. Fallières défendit du poids de son autorité naissante, de sa parole vibrante et imagée.

Mais alors de l'autre camp s'élevait un nouveau grief. Chez les républicains, M. Maret n'écrivait-il pas : « On s'est borné à menacer au lieu de frapper » ? Et si pour des hommes d'Etat comme Ferry, et Fallières, il suffisait de menacer pour atteindre le but qu'on devait se proposer, n'était-ce pas suffisant ?

Ici encore nous devons nous replacer dans le milieu historique de cette époque mémorable qui comprend une période de sept ans durant laquelle la République s'est affermie et où M. Fallières a brillé toujours au premier plan.

Vers 1877 c'était une croyance répandue, chez beaucoup de fonctionnaires, de magistrats, de militaires, qu'on n'arrivait à rien dans le monde si on ne prenait l'attache des « pères ». Leurs maisons semblaient être l'antichambre des cabinets ministériels. Et voilà pourquoi, sans que la foi y fût pour beaucoup, leurs écoles étaient bondées et leurs parloirs assiégés, pourquoi aussi la République ne pouvait compter sur la majeure partie de ses agents.

Certains trouvaient commode de servir à la fois Jéhovah et Mammon. Le gouvernement républicain ne les obligea même pas à opter. Il leur fit entendre seulement qu'ils se trompaient dans le choix de leurs recommandants. Il y avait un prestige qui obscurcissait les fidélités et les consciences. Quelques coups sur les huis récalcitrants dissipèrent le prestige. Un simple simulacre de violence légale, comme la main d'un commissaire de police courtoisement posée sur l'épaule d'un citoyen qui déclare « ne vouloir céder qu'à la force ».

On peut dire que M. Fallières a été mêlé à toute l'œuvre de Ferry — et c'est pourquoi nous décrivons avec quelque complaisance leur œuvre commune...

VII

L'ŒUVRE DE JULES FERRY. — ARMAND FALLIÈRES SOUS-SECRÉTAIRE D'ÉTAT

VII

L'Œuvre de Jules Ferry. — Armand Fallières Sous-Secrétaire d'État

Assurément, il eut mieux valu pour Jules Ferry n'être point mêlé aux mesures prises.

Il ne se fut point attiré des haines inexplicables, parce qu'elles ne réfléchissent pas et ne désarment jamais.

Il eut rencontré moins d'ennemis sur sa route quand il entreprit avec M. Fallières, son plus cher confident, le relèvement de notre empire colonial.

Ah ! que M. de Freycinet fut plus adroit. Il s'était associé à la présentation des lois sur sur l'enseignement supérieur, y compris l'article 7, et même des décrets du 29 mars 1880 qui rééditaient les dispositions traditionnelles sur les ordres non autorisés.

Il comptait sans doute que les congrégations lui feraient le plaisir de céder aux premières sommations ; quand il comprit qu'elles voulaient qu'on leur mît la main sur l'épaule, il se sépara de ses collègues, laissant à un nouveau président du conseil, Jules Ferry et à son second M. Fallières, le soin de donner une sanction à l'œuvre commune.

Pourquoi ni M. de Freycinet, président du conseil, quand furent rendus les décrets du 29 mars, ni M. Constans, dont la ténacité à poursuivre « avec fermeté l'exécution des décrets » provoqua la retraite de M. de Freycinet, ni M. Andrieux qui assista à la fermeture de la rue de Sèvres, n'ont-ils eu aucune part dans l'animosité dont les dévots ont poursuivi M. Ferry ? Encore un mystère.

A n'en pas douter les dévots sont simplistes ; ils n'aiment pas éparpiller leur haine sur plusieurs noms. Pour chaque persécution un seul Dioclétien leur suffit.

Jules Ferry et ses collaborateurs immédiats

refusèrent de passer par la même porte de sortie que M. de Freycinet, ils n'aimaient pas à décliner les responsabilités. Voilà bien l'instinct de combativité qu'on a tant reproché à Ferry.

Cependant les catholiques, quand il s'est agi des intérêts de leur religion, du maintien du Concordat, de la protection accordée aux missions lointaines, en qui, parmi les hommes d'État français, auraient-ils dû avoir plus de confiance ? En l'avisé démissionnaire de septembre 1880, ou en ces persécuteurs plus tenaces qui acceptèrent la logique de la situation ?

Plusieurs fois la question de la séparation des Églises et de l'État vint à la Chambre. Et un jour comme ses collègues, sauf son second M. Fallières, semblaient faiblir, nous voyons encore Jules Ferry frappant de son portefeuille le pupitre ministériel et s'écriant : « La séparation des Églises et de l'Etat, jamais, jamais ! »

Que dirait Jules Ferry s'il revenait aujourd'hui !

Sa conception était alors qu'il fallait maintenir l'accord des Églises et de l'État, pour la paix religieuse du pays et que cette mesure était d'un intérêt autrement capital que la présence des évêques au Conseil de l'Instruction publique ou la question de savoir si, dans un couvent de Jésuites, on entrerait par le grand escalier ou par l'escalier de service.

M. Fallières approuvait son chef de file, — parce qu'il comprenait à cette époque qu'il y avait une corrélation évidente entre la soumission des Congrégations et le maintien provisoire du Concordat.

Il y avait même là mieux qu'une corrélation. Il y avait tout un système — celui qui a. fait dans le passé le repos de la France.

Les idées n'étaient pas encore assez avancées — et c'est pour ce motif que Jules Ferry avait raison, quand il disait de sa politique intérieure :

— Elle est anticléricale, non antireligieuse.

C'est en cela que les hommes de son cénacle qui l'ont appuyé de leurs paroles et de leurs actes se sont montrés, à la vérité, des « hommes d'État »... C'est la seule injure que des dissidents ont trouvé à sa mort à jeter à la mémoire de Jules Ferry.

N'est-ce pas comme « homme d'État » que Danton a été guillotiné par Robespierre? Mais avec quels autres hommes prétend-on qu'un État, c'est-à-dire une nation organisée, puisse se maintenir?

Est-ce avec des brouillons que l'Angleterre, par exemple, a fondé ses libertés, accumulé ses richesses, étendu sa domination sur un quart de la terre habitée?

M. Fallières, nommé sous-secrétaire d'Etat au ministère de l'Intérieur et des Cultes le 17 mai 1880, dans le cabinet Ferry, fut réélu député, et de nouveau sous-secrétaire d'Etat le 21 août 1881, renversé le 10 novembre (ce n'était d'ailleurs qu'une fausse sortie). On avait apprécié ses qualités de premier ordre pendant son passage au pouvoir et il devait bientôt reparaître, au premier plan, dans le cabinet Duclerc, comme ministre de l'Intérieur.

Mais n'anticipons pas... Il nous reste encore à décrire l'œuvre admirable accomplie par les grands républicains qui ont assis, sur des bases durables, le régime actuel.

VIII

LES LOIS SCOLAIRES

VIII

Les Lois scolaires

Les lois scolaires, voilà encore un grief de
certains esprits contre Jules Ferry et ses collaborateurs.

Pour eux, ce magnifique ensemble de dispositions, de créations, qui a renouvelé la face du
pays, qui l'a placé à la tête du monde civilisé se
résumait en un mot : « L'école sans Dieu ».

Simplement parce qu'il était non confes-
sionnel, et que dans un pays où il y a des élèves
catholiques, protestants, israélites, on avait
voulu écarter ce qui les divise dans la vie. Mais,
en Angleterre, un pays religieux celui-là, est-ce
que toutes les écoles patronnées ou subvention-
nées par l'Etat ne sont pas non confessionnelles?

Personne cependant ne songea à accuser

M. Gladstone d'athéisme pour les avoir ainsi comprises.

Est-ce que les écoles d'Algérie sur les bancs desquelles sont assis côte à côté des chrétiens, des israélites, des musulmans, ne sont pas non confessionnelles ?

Elles le furent, même quand elles étaient dirigées par les Pères Blancs.

Ce grief prit une forme pathétique : on avait arraché des écoles les crucifix ! Ils avaient été enlevés des écoles là où les municipalités, qui, par la loi, étaient compétentes, jugèrent à propos de les supprimer.

A Paris, oui ; dans certaines villes radicales, sans doute. Mais il y eut des milliers d'écoles en France où le crucifix resta.

En toute justice pouvait-on demander compte à M. Ferry, à M. Fallières qui était un modéré, à tel autre de leurs amis politiques des doctrines professées par le conseil municipal de Paris ?

La forme pathétique de ce grief devint parfois frénétique.

N'écrivait-on pas de Jules Ferry :

— Il tente d'arracher Dieu du ciel... Il use ses ongles sur les clous du Christ inoffensif ; il fait abattre des croix.

A quoi tout cela pouvait-il bien rimer ?

On continuait :

— Il fait traîner des prêtres à cheveux blancs comme des malfaiteurs hors des chapelles où l'hostie est enfoncée à coups de poing dans les tabernacles... Ses gendarmes marchent contre des enfants et des femmes.

En tenant compte de l'exagération prodigieuse de ce morceau littéraire, il semble que cela désignait, avec une affaire insignifiante, la fermeture d'une chapelle illégalement ouverte.

Mais alors on confond M. Ferry avec M. Goblet !

Ces déclamations sont intéressantes comme indices d'un état mental : elles montrent la perversion des faits réels, le grossissement d'une pâle légende.

Et notez qu'elles ne se rencontrent pas dans la *Croix*, mais bien dans une feuille radicale, sous une plume socialiste !

Ainsi les républicains tels que Ferry, Gambetta, Fallières et tant d'autres, les républicains de 1880 avaient rêvé l'instruction et l'éducation universelles comme corollaires du suffrage universel ; ainsi, ils avaient conçu le Français de l'avenir comme un être complet, comme le Grec des anciennes républiques, à la fois citoyen et soldat ; ils avaient imaginé une école dont les dissidences politiques et théologiques étaient bannies et qui préparaient pour les siècles futurs une cité de frères ; ils avaient fondé cinquante mille écoles, perfectionné les programmes, porté de 12 à 100 millions le budget de l'enseignement ; ils avaient créé des écoles supérieures, des Facultés, des Universités ; oui, ils avaient fait davantage encore — et cependant une foule imbécile résumait tous les services rendus à la France, à l'humanité, à la République, par une seule phrase, par une formule, par un mot ! « L'école sans Dieu ! »

Dieu merci ! les générations suivantes ont jugé cette foule, et ceux qui existent encore parmi ces républicains de bonne foi sont rentrés de plein pied, encore vivants, dans l'immortalité.

IX

L'EMPIRE COLONIAL DE LA FRANCE

IX,

L'Empire colonial de la France.

L'autre grande œuvre de ces républicains
qui suivirent la voie tr cée par Jules Ferry,
Gambetta et Fallières, ce fut l'empire colonial.

En 1881, Ferry nous donna la Tunisie et
cela ne l'empêcha pas de tomber en novembre
de cette même année.

En 1882, il trouva la France engagée dans
l'Indo-Chine par le traité de 1874, conclu sous
le duc de Broglie, président du Conseil et sous
le duc Decazes, ministre des affaires étrangères.

En trois ans, malgré la cour de Hué, malgré
les Pavillons noirs, malgré la Chine, malgré
les jalousies des puissances européennes, il
nous donna l'Annam et le Tonkin.

Dans l'intervalle il nous assura le Congo et nous installa à Madagascar.

Principalement par lui et ses amis, la France, qui était parmi les puissances coloniales à peine au niveau des plus petits pays, est monté au second rang, juste après l'Angleterre.

Ce qu'avaient tenté les grands ministres et les grands rois du passé, Henri IV, Richelieu, Louis XIV, les explorateurs et les conquérants comme Champlain, Montcalm, Dupleix, il l'a réalisé.

Ce que nous ont fait perdre les fautes des Bourbons et la catastrophe Napoléonienne, il nous l'a rendu en partie.

Dans cette œuvre de relèvement il n'a pas eu d'adversaires plus implacables que certains des nôtres.

Un jour l'évacuation du Tonkin, autant dire de l'Indo-Chine entière, car ensuite nous n'aurions pas gardé la Cochinchine, a été mise aux voix dans la Chambre et il s'en est fallu d'un suffrage qu'elle n'ait été décidée.

Ce qui fera la stupeur de nos petits-neveux, c'est que, parmi les votes de l'évacuation on trouve, confondues avec des voix de la gauche, presque tous les noms des députés de la droite.

Ces députés se targuaient d'être des catholiques. Ce jour-là en haine de l'article VII, non seulement ils ont voté le recul du drapeau de la France, l'abandon des droits acquis par Louis XVI, mais ils ont voté que des millions de leurs coreligionnaires indo-chinois seraient livrés à toutes les horreurs de la réaction mandarine, décapités, sciés entre deux planches, écorchés vifs, empalés.

Ils avaient cependant l'expérience récente des massacres de 1874 qui firent plus que de décimer les catholiques d'Indo-Chine.

Ils avaient entendu les objurgations de l'un d'eux, M. Freppel, qui, ce jour-là, se sépara de son parti pour ne penser qu'en chrétien et en Français.

Ils n'en votèrent pas moins l'évacuation.

Jamais persécuteurs de l'Église ont-ils voulu plus de mal au christianisme ?

Ce jour-là on a dû faire au Vatican même, une différence entre eux et M. Ferry et elle ne devait pas être à leur avantage.

Consultez la liste des votants : vous y trouverez un étrange livre d'or de la noblesse française.

Sur qui, si leurs suffrages avaient décidé celui de la Chambre, sur qui comptaient-ils donc pour réparer leur faute ? Sur un autre Ferry peut-être.

En haine de M. Ferry, plus que de ses amis dévoués — car il serait faux de dire que M. Fallières ait partagé cette haine dans le sentiment public — la politique coloniale était condamnée, bafouée par les radicaux, par les droites oublieuses de leurs traditions, par les « patriotes ».

Ceux-ci ne voyaient que le Rhin, ne voulaient entendre parler ni de l'Indo-Chine, ni de Madagascar, ni du Soudan !

En onze ans (1880-1891) tout ce qui restait disponible dans l'univers a été partagé. Nous n'aurions eu qu'à clore les paupières pendant ces années : nous nous serions réveillés avec l'Italie aux portes de Constantinople, le Sénégal et nos postes de la Guinée noyés dans une Afrique allemande et anglaise, la Cochinchine fléchissant sous le poids d'Annamites et de Tonkinois manœuvrant à la Prussienne.

Les « patriotes » auraient jeté de beaux cris : ils auraient eu raison.

M. Ferry eut l'intuition de la crise que cette période de dix années, ce décennat fatidique, unique dans l'histoire coloniale, allait provoquer dans le monde entier.

Au lieu de lui savoir gré de sa clairvoyance on le traita d'assassin !

Puis des années se passèrent et l'heure de la justice sonna. Après avoir longtemps crié on s'aperçut que la Tunisie réglait ses budgets par des excédents ; aussi ne parla-t-on plus de la Tunisie. Aujourd'hui on ne parle plus du

Tonkin que pour saluer la mémoire du grand Français qui nous l'a donné.

Mais, de même, qu'on a oublié ses collaborateurs dans le mépris et dans l'outrage — ne nous plaignons pas — on les a aussi oubliés au moment du succès. Et pour ce fait nous protestons.

Les noms de Gambetta, de Fallières et de quelques autres doivent être inscrits en lettres d'or à côté de celui de Jules Ferry dans le livre d'or de nos conquêtes coloniales.

Que des fautes aient été commises qui le nie? On avait à découvrir des pays en même temps qu'à les conquérir.

Encore faudrait-il faire la part des fautes commises par les députés eux-mêmes, qui voyaient très bien où l'on allait, approuvant au fond l'effort et le but, se réservant seulement, en vue des élections, de dire qu'on ne les avait pas prévenus.

Ce furent les indécisions de la Chambre qui amenèrent les opérations par « petits paquets ».

Encore Ferry et ses collaborateurs avaient-ils

si exactement proportionné les moyens au but que les « petits paquets » suffirent et que la Chine en mars 1885 n'attendit pas la levée du camp des lanciers.

Des fautes, les militaires eux-mêmes n'en ont-ils pas commis ?

La pointe au-delà de Langson, le coup de main sur Hué étaient-ils si nécessaires ?

Pour les questions coloniales comme pour les questions anticléricales, Jules Ferry semble avoir amassé sur sa tête seule tous les griefs.

Les parts de glóire se sont réparties ; tel ministre a eu l'honneur de la Tunisie ; aux généraux, aux amiraux, les victoires ; aux Chambres le « patriotisme éclairé », pour lui seule et toute entière « l'impopularité ».

Les derniers adversaires de la politique coloniale — il paraît qu'il en reste encore quelques-uns, qui, étonnés d'avoir été si mauvais prophètes, se retranchent derrière de pitoyables arguments : — Nous voulions bien faire des colonies, disent-ils, mais par les moyens pacifiques.

Et qui donc ne préfère les moyens pacifiques aux moyens sanglants ?

Rien de plus beau assurément que la colonisation pacifique ; encore faut-il n'avoir devant soi ni les Pavillons noirs, ni l'armée chinoise, ni les bandes de Samory, d'Ahmadou ou de Behanzin.

Les Allemands aussi la préféraient, et cependant ils ont dû maintes fois tirer des coups de fusil.

Les Anglais aussi la préfèrent, mais ils n'ont pas abandonné l'Inde parce qu'il fallait livrer bataille aux Mahrattes, aux Sikkhs, aux Birmans.

Le Congo fut acquis sans effusion de sang, même sous Jules Ferry. C'est pour cela que ses adversaires ne parlèrent jamais du Congo — auxquels ses amis et lui s'intéressèrent si vivement.

X

UN COUP D'ŒIL RÉTROSPECTIF
M. FALLIÈRES MINISTRE DE L'INTÉRIEUR

X

Un coup d'œil rétrospectif. — M. Fallières
Ministre de l'intérieur.

Il était nécessaire — il était indispensable
dans cette étude, de consacrer deux ou trois
chapitres à ceux qui ont établi sur des bases
solides la troisième république. Nous l'avons
fait impartialement, en historien soucieux de
la vérité. C'est pourquoi un regard en arrière
est nécessaire...

Le 10 mai 1878, M. Fallières avait attaqué
et fait invalider l'élection de M. Trubert, à Mois-
sac. Se plaçant au-dessus des querelles de partis, il prononça à cette occasion un discours
qui le classa d'un coup, au premier rang parmi les orateurs de la Chambre des députés.

En 1879 il fut nommé rapporteur de la loi sur

la presse et vice-président de la gauche républicaine.

Comme nous l'avons vu précédemment, il fut nommé sous-secrétaire d'état à l'intérieur et aux cultes le 17 mai 1880.

Et c'est à cette occasion qu'il demanda, sans succès d'ailleurs, de la commission du budget et de la chambre, le maintien d'un crédit de 70000 francs pour accorder une indemnité supplémentaire aux cardinaux français.

En 1881, M. Fallières combattant un amendement tendant à la suppression du budget des cultes, fit valoir qu'une pareille mesure devait-être précédée de la dénonciation du concordat.

Cette thèse — grâce à l'éloquence serrée et persuasive du futur président de la République — fut adoptée par la chambre et plaça M. Fallières au premier rang des « ministrables ».

Cependant. en constituant le cabinet du 14 novembre 1881, Gambetta offrit le porte-feuille de l'Intérieur à M. Waldeck-Rousseau qui remplaça M. Fallières par M. Margue.

Mais ce n'était là qu'une fausse sortie. Le 8 août 1882, M. Fallières revenait au ministère de l'Intérieur comme titulaire du poste, dans le cabinet Duclerc...

N'est-il pas curieux de noter, après vingt-quatre ans, que le ministère du 8 août 1882, n'eut pas la confiance de M. Clémenceau ? En tout cas, il eut celle du pays et l'opinion du pays — faut-il l'avouer ? — c'était l'opinion modérée, réfléchie et parfaitement républicaine.

Nul ne mit en doute le républicanisme de M. Fallières et de M. Duclerc.

Tous ceux qui les connaissaient — et il n'était pas alors un parlementaire sérieux que ne les connut bien — savaient combien leur esprit était certain et leur jugement sûr.

Ils savaient la politique et bien qu'on ne les aient jamais pris la main dans une intrigue, ils avaient la notion exacte des dessous du monde parlementaire.

Ce n'étaient ni des faibles, ni des violents.

On leur sut gré de deux choses. La première,

ce fut d'avoir eu le courage d'accepter la direction des affaires, après une semaine qui avait vu défiler tous les égoïsmes ; la seconde d'avoir mis dans leur déclaration qu'ils occuperaient leurs vacances à mettre de l'ordre, d'accord avec les commissions dans tous les projets de de réformes en élaboration.

Et c'était l'œuvre urgente, indispensable, que de mettre la lumière dans le chaos que la chambre, le dernier ministère, les ministères antérieurs avaient accumulé comme à plaisir.

Nous le répétons : on estimait les hommes qui n'avaient pas craint le 8 août 1882 d'assumer cette tâche d'épuration, de réglementation, de mise au point, qui avaient dit à la chambre le 9 août :

« MESSIEURS ;

« Le vote émis par la chambre des députés le 29 juillet dernier amène devant vous le nouveau cabinet.

« Son premier devoir est de vous dire quelle est pour lui la signification de ce vote et quelle conduite il lui commande. En refusant les crédits nécessaires à l'occupation d'une partie du canal de Suez, la Chambre a pris une mesure de réserve et de prudence qui n'est pas l'abdication.

« Le gouvernement s'inspirera de la pensée qui a dicté ce vote et il y conformera sa conduite. Si des événements survenaient qui parussent engager les intérêts ou l'honneur de la France, nous nous empresserions de convoquer les chambres et de leur soumettre les résolutions que les circonstances commanderaient.

« Pour être moins pressantes, les questions extérieures n'en sollicitent pas moins notre attention. Mais, de ce côté, rien ne peut être ni compromis, ni engagé pendant la prochaine suspension de vos séances.

« Nous allons mettre à profit le temps que vous nous donnerez pour reprendre l'étude de ces questions.

« Nous nous efforcerons, avec le concours de vos commissions, de faire prévaloir les solutions libérales et progressistes qu'elles comportent.

« Nous nous proposons un autre but. Nous travaillerons à rapprocher et à concilier les diverses fractions de la majorité républicaine, et si, avec votre aide, nous pouvons atteindre ce patriotique résultat, nous croirons avoir accompli l'œuvre qui, dans les circonstances actuelles importe le plus aux intérêts communs des Chambres, de la République et de la France. »

En applaudissant ces nobles paroles les parlementaires savaient par qui elles étaient prononcées. C'était mieux que des paroles, c'était un engagement d'honneur.

Nous savons qu'il fut tenu par les membres du cabinet Duclerc.

C'est pendant son passage au ministère de l'Intérieur que M. Fallières accorda à M. Lavigerie, archevêque d'Alger, une somme de cinquante mille francs pour l'organisation des services religieux en Tunisie.

Comme il préleva cette somme sur le chapitre du budget destiné à pourvoir aux pensions ecclésiastiques et secours personnels, on cria à l'irrégularité et on interpella M. Fallières à la Chambre.

Bien entendu tout le ministère se solidarisa sur cette question en demandant l'ordre du jour pur et simple qui fut voté, grâce à la haute autorité dont jouissait, au Parlement, le ministre de l'Intérieur.

Au Sénat, dans un discours mémorable et qui restera comme un chef-d'œuvre de netteté, de logique et bon sens, qu'on cite déjà dans les encyclopédies, M. Fallières exposa ses vues sur les droits du gouvernement en matière de suspension du traitement des desservants par voie administrative.

« Les desservants, disait-il, n'ont point de traitement au titre concordataire ; d'autre part, ils ne sont pas passibles de l'appel comme d'a-

bus, et les articles 199 à 208 du Code pénal
ne punissent que les délits plus graves qu'ils
peuvent commettre dans l'exercice de leurs
fonctions. Est-ce à dire, que pour de légères
infractions, pour un manque de tenue politique,
les desservants échapperont à toute répression
et continueront à toucher tranquillement les
sommes que l'Etat veut bien leur allouer ?... Si
l'évêque se refuse à tenir compte des réclama-
tions du gouvernement, il est inadmissible que
celui-ci demeure désarmé : il a le droit absolu
de suspendre le traitement. »

... Il nous est impossible, dans le cadre étroit
de cette biographie, de suivre pas à pas, le ministre de l'intérieur du cabinet Duclerc. Notons
qu'il fut toujours à la hauteur de sa tâche — et
la meilleure preuve qu'on puisse donner c'est
que, lorsque M. Duclerc démissionna en 1883,
ce fut M. Fallières que M. le Président de la
République appela à la présidence du Conseil. Nous allons l'y suivre

M. FALLIÈRES, PRÉSIDENT DU CONSEIL. — L'EXPULSION DES PRINCES

M. Fallières, président du Conseil. — L'Expulsion des princes.

Lorsque divers membres de la Chambre des députés pensèrent qu'il était politique de répondre à la proclamation du prince Jérôme — nous sommes au 15 janvier 1883 — par une proposition tendant à l'expulsion des prétendants, le gouvernement annonça, le 27 du même mois, qu'il se ralliait à l'amendement Fabre.

Mais M. Duclerc, président du Conseil, tomba subitement malade et n'ayant pas été consulté refusa d'approuver le compromis.

Dans le conseil des Ministres qui s'était réuni le 26 à l'Elysée, sous la présidence de M. Grévy, mais où n'assistait pas M. Duclerc, on avait arrêté définitivement la ligne de conduite à suivre dans la discussion des lois d'expulsion.

Les ministres qui appartenaient au Parlement furent d'avis qu'il fallait essayer d'arriver à une transaction et de compléter le projet du gouvernement par une disposition analogue à celle de l'amendement Fabre et interdisant aux princes d'occuper tout emploi civil ou militaire, de remplir un mandat électif.

L'amiral Jauréguiberry refusa de s'associer à une mesure de ce genre et remit, séance tenante, sa démission au Président de la République.

Quant au ministre de la guerre, il déclara qu'au point de vue militaire il persistait à ne pas vouloir accepter la mesure en question. Mais pour ne pas susciter de crise ministérielle, il consentit à rester à son poste.

Le lendemain le ministre de l'intérieur et le garde des sceaux se rendirent au quai d'Orsay pour demander à M. Duclerc de donner son adhésion à la transaction projetée. Mais celui-ci n'accepta pas et M. Fallières fut nommé président du conseil.

A la séance du mardi 30 janvier il fit à la tribune de la chambre la courte déclaration que voici :

« MESSIEURS ;

« MM. Duclerc, Billot, Jauréguiberry ont donné leur démission qui a été acceptée et j'ai été nommé président du conseil.

« Le pays n'a rien à craindre pour sa sécurité mais il importe que les questions qui vous sont soumises soient réglées au plus tôt ».

Bien que le cabinet ne fut pas encore complété, il se mit à la disposition de la Chambre.

Après M. Janvier de la Motte qui renonça à interpeller le cabinet incomplet, M. de Cassagnac demanda l'ajournement en se fondant sur l'absence d'un ministre de la marine dans une question de propriété de grades.

MM. Fabre, Lebrun, Viette, de la Porte,

Ribot se succèdent à la tribune. Ce sont des flots d'éloquence qui coulent vers M. Floquet qui répond en rappelant le droit pour tout gouvernement d'interdire par une loi son territoire aux représentants des prétentions dynastiques.

Or, les princes d'Orléans ne s'étaient point inclinés devant la République. Le chef de la famille était resté fidèle aux engagements pris lors de l'abrogation de la loi de 1832 par l'Assemblée nationale.

La discussion fut renvoyée au lendemain et la séance s'ouvrit par un discours de M. Léon Renault qui regretta de voir « la République s'écarter d'une politique de pacification ».

M. Fallières répondit à M. Léon Renault et affirma l'entière sécurité du pays profondément républicain.

Il rappela les lois de garanties votées sous les gouvernements prudents.

A ce moment-là, M. Fallières fut pris d'une sorte de syncope et obligé de descendre de la tribune.

La séance fut suspendue et la discussion renvoyée au 2 février.

Ce jour-là, discussion générale vive et animée; passage à la discussion des articles votés par une majorité de 330 voix. C'était prévu.

Le gouvernement expliqua sa conduite par la force des événements et M. Andrieux eut peut-être raison lorsqu'il vint affirmer que le cabinet subit une initiative qu'il n'eut pas prise lui-même...

Lorsque la loi vint au Sénat, il y eut conflit entre les deux Chambres.

Non seulement la commission de la Chambre haute fut hostile au projet de loi voté au palais Bourbon; mais un seul de ses membres accepta, comme maximum le projet primitif du gouvernement.

Le 11 février ce fut M. Challemel-Lacour qui ouvrit la discussion au Sénat : MM. Allain et Barthélemy Saint-Hilaire lui succédèrent à la tribune.

Deux jours après, M. Fallières donnait sa démission, avec tous ses collègues, par suite du rejet par le Sénat de la loi de bannissement...

Mais, durant son passage aux affaires, le futur président de la République avait acquis une telle autorité qu'il ne devait pas rester bien longtemps éloigné des affaires.

Durant la même année, en effet, M. Challemel-Lacour, qui avait été remplacé par M. Ferry aux affaires étrangères, laissa libre le portefeuille de l'instruction publique qui échut au député de Nérac le 20 novembre 1883.

XII

M. FALLIÈRES, MINISTRE DE L'INSTRUCTION PUBLIQUE — LA POLITIQUE DU CABINET FERRY, — LES RÉFORMES.

XII

M. Fallières, ministre de l'instruction publique — La politique du cabinet Ferry,
— Les Réformes.

M. Jules Ferry abandonnant le portefeuille
de l'Instruction publique pour prendre celui
des affaires étrangères, ce fut M. Armand Fallières qu'il appela à sa succession.

Là, comme dans les divers emplois qu'il avait
précédemment occupés avec tant d'éclat, le député de Nérac ne joua pas un rôle secondaire.

Il occupait à peine depuis quelques semaines
le siège de l'instruction publique qu'il présen-
tait déjà un projet de loi concernant la cons-
truction et l'achèvement des bâtiments scolaires et la part contributive de l'Etat dans les
dépenses nécessitées par les constructions.

Le cabinet Ferry, dont faisait partie M. Fallières, eut alors à s'occuper et à combattre la revision de la Constitution en faveur de laquelle le *Temps*, le *XIXe Siècle*, le *Journal des Débats*, et le *National*, obéissant sans doute à un mot d'ordre, livraient simultanément bataille.

Ces journaux se demandaient pourquoi M. Jules Ferry avait parlé de revision dans son discours du 29 décembre.

Le *XIXe Siècle* nous apprenait que la révision était un legs de Gambetta et qu'elle avait été inventée par lui : les amis politiques de l'illustre homme d'Etat auraient réclamé la révision pour lui plaire aux élections de 1881.

Cependant, si en juillet 1881 , les amis de Gambetta mirent dans leur programme la révision partielle, ils ne furent pas les seuls.

A côté d'eux, la révision totale était demandée par un très grand nombre de candidats de la gauche avancée.

Certes les amis du gouvernement n'étaient pas suspects d'hostilité envers la constitution du 25 février. Ils l'avaient votée et ils n'étaient pas assez illogiques pour méconnaître les services rendus à la France par cette constitution.

Mais l'œuvre du législateur de 1875 leur paraissait perfectible.

Pour ne citer que deux points, le pays déplora dès la première minute l'inégalité choquante qui préside à la constitution du corps élisant du Sénat. De trop fréquents exemples ont montré combien il importait de régler définitivement les attributions financières des deux Chambres.

L'occasion semblait bonne au Cabinet pour trancher ces difficultés, pour en prévenir d'autres et il était d'accord avec les Chambres pour examiner la question de plus près.

C'est de cette période que date également le projet de loi relatif à la création des syndicats professionnels — de cette époque toute une série de lois utiles pour la démocratie.

Il faut lire dans le *Journal officiel* les débats

parlementaires de cette époque pour pouvoir se rendre compte combien les mœurs parlementaires ont changé depuis.

M. Fallières est ministre de l'Instruction publique et dans le courant de décembre, tandis qu'on discute le budget de son ministère, l'opposition ne se lasse pas de monter à l'assaut et de combattre avec des armes courtoises, il est vrai. Et le ministre répond avec une courtoisie parfaite doublée d'une inlassable patience.

Que les temps sont changés ! et comme hier ressemble peu à aujourd'hui !

Les débats d'alors permettaient à des hommes comme Waldeck-Rousseau, Fallières, Léon Renault et Goblet de lutter sur le terrain des idées et de montrer leur habituel talent de dialecticiens.

Mettant toujours en question les principes nécessaires d'un bon gouvernement, ils produisaient en outre, on peut le dire, une émotion légitime dans les Chambres; ils avaient même réussi à provoquer un nouveau classement des partis où la coalition des fractions hostiles pouvait espérer la victoire.

Heureusement pour la République, l'effort de l'extrême droite et de l'extrême gauche était resté stérile.

Le bon sens de la majorité républicaine dédaignait les sophismes les plus habilement présentés, et une majorité de trente-six voix donnait à la fin de janvier 1884 raison au gouvernement.

Cette majorité numériquement assez faible, mais forte par sa cohésion, vint rassurer ceux qui avaient pu douter de la puissance du groupe démocratique et progressiste de la Chambre des députés...

On doit reconnaître, en toute impartialité, que de 1871 ou 1884 la politique économique manqua de netteté. Nous n'en voulons attribuer la responsabilité à personne en particulier.

Nous savons trop dans quelle situation la France s'est trouvée prise ; d'une part, ses besoins immenses ; de l'autre, ses engagements forcés et les divers mouvements de la politique économique de l'Europe qui tâchait de tirer parti de nos embarras. Voilà certes plus qu'il n'en faut pour expliquer les perplexités des hommes d'état les plus clairvoyants.

Mais enfin, si nous ne nous en prenons qu'aux choses et aux nécessités aveugles, nous sommes bien obligés de constater que de 1873 à 1884 la France a oscillé entre le libre échange et la protection, sans s'arrêter ni à l'une, ni à l'autre politique.

La France ne s'était rangée d'une manière résolue à aucune de ces deux règles de conduite lorsque les membres du cabinet Ferry vinrent montrer, chacun dans leur sphère, non seulement aux ouvriers, mais encore aux patrons, des lois économiques de bon sens et de sagesse.

Il y avait à faire toute une éducation de la démocratie pour la préparer à traverser sans émotion des crises qui se renouvelaient à des intervalles presque réguliers, et ce fut l'œuvre de M. Fallières de l'éduquer avec honneur. Il joignait la force à la patience. Dans cet ordre d'idées un homme d'Etat peut faire beaucoup pour le bien public, et, s'il est nécessaire de rappeler qu'un ministre n'est pas une providence, il est bon de dire également qu'il a des responsabilités et qu'il peut exercer des influences très étendues.

XIII

LE PROJET PAUL-BERT. — LA DÉMISSION DU CABINET FERRY.

XIII

LE PROJET PAUL BERT. — LA DÉMISSION DU CABINET FERRY.

Comme ministre de l'instruction publique, M. Fallières intervint très activement dans la discussion du projet Paul Bert sur l'organisation de l'enseignement primaire en février 1884, et fit valoir toutes ses belles qualités d'orateur de premier plan.

Au cours de la discussion du budget de 1885, un amendement fut déposé.

Il avait pour but d'accorder au gouvernement un crédit destiné à améliorer le traitement des instituteurs.

M. Fallières, soucieux des deniers de l'Etat, le combattit avec énergie. Mais les députés qui placent leurs intérêts électoraux avant ceux de la France lui donnèrent tort.

Un crédit de un million cent cinquante mille francs fut voté.

Le ministre de l'Instruction publique ne devait pas tarder à prendre sa revanche contre M. Paul Bert.

Ce dernier présenta un amendement tendant à la désaffectation immédiate des biens domaniaux affectés à des services du culte en dehors des prescriptions du concordat et à l'affectation du produit de l'opération à la caisse des écoles.

M. Fallières fit remarquer avec justesse que l'adoption de cet amendement soulèverait des difficultés nombreuses. de droit public et privé, et il fut repoussé.

L'œuvre de M. Fallières pendant son passage à l'instruction publique fut féconde et devait porter ses fruits.

Aussi est-ce avec regret qu'on le vit donner sa démission avec tous les autres membres du cabinet Ferry.

Dans un autre chapitre nous avons esquissé l'œuvre coloniale des républicains. Il ne nous semble pas inutile de rappeler encore ici dans quelles conditions le ministère Ferry qui joua un si grand rôle dans l'histoire de notre pays fut renversé au lendemain du désastre de Langson.

C'est, en vérité, parfois une drôle de chose que le régime parlementaire.

Le 29 mars 1885 le gouvernement faillit être renversé par un groupe ou plutôt par un parti qui comptait à peu près trois membres à la Chambre, c'est-à-dire l'ancien centre gauche, représenté par MM. Ribot, Charmes et Franck-Chauveau.

Par contre, il fut tiré du péril, par l'intervention finale du chef incontesté d'un groupe fort important de l'assemblée, par M. Clémenceau.

Cela paraît bizarre, à distance, mais cela fut ainsi.

L'histoire mérite d'être racontée.

On devait simplement fixer la date de la discussion de l'interpellation Granet sur les affaires du Tonkin, mais Jules Ferry s'étant déclaré disposé à accepter la discussion immédiate, la fête commença aussitôt.

Le feu fut ouvert par M. Granet. Puis Jules Ferry répondit aux critiques de l'interpellateur que, ministre docile, il avait simplement obéi aux ordres de la Chambre.

Il voulait l'exécution entière du traité de Tien-tsin, on s'arrêterait aux frontières de Chine et là on négocierait.

M. Clémenceau survint qui fit un discours à l'union, à la concorde des républicains. Et l'ordre du jour pur et simple fut voté par 273 voix contre 221.

Le ministère semblait sauvé lorsqu'arrivèrent les désastreuses nouvelles du Tonkin : le général de Négrier grièvement blessé et contraint d'évacuer Lang-Son, nos troupes assaillies par des masses chinoises et forcées de rétrograder sur Lang-Son et sur Than-Moï, enfin le général Brière de l'Isle réduit à annoncer qu'il espérait pouvoir défendre le Delta.

A cette nouvelle on perdit tout sang-froid.

Les journaux se mêlèrent de la partie, et il est curieux de les parcourir plus de vingt ans après.

N'écrivait-on pas par exemple : « Le ministère Ferry qui, depuis le commencement du conflit franco-chinois, a entassé fautes sur fautes, s'obstinant à dissimuler la vérité, à tromper les Chambres et le pays, encourageant l'ennemi à la résistance par ses atermoiements et ses irrésolutions, ce ministère doit céder la place ; il a fait trop surabondamment, hélas ! ses preuves d'ignorance et d'impéritie, de pernicieux entêtement surtout ; car c'est là la faculté maîtresse de M. le Président du Conseil. »

Et croyez-vous, par hasard, que c'était un adversaire du régime qui écrivait cela ? Jamais. C'est dans un grand journal du matin que nous retrouvons ces lignes dont nous nous garderons bien de citer l'auteur, pour ne point lui déplaire. Il a d'ailleurs fait, depuis longtemps, amende honorable.

Sauvé le 29 par l'intervention inattendue de

M. Clémenceau, le Ministère tomba le 30 sans discussion, sur une simple question de procédure parlementaire.

C'est au milieu de l'émotion générale que M. Ferry lut les motifs d'un projet de loi pour un crédit de cent millions destiné aux troupes du Tonkin et demanda le renvoi immédiat aux bureaux de ce projet.

A ce moment M. Clémenceau monta à la tribune, très nerveux. Son discours fut haché et violent. Qu'on en juge :

M. Clémenceau. — Tout débat est fini entre nous. Nous ne voulons plus vous entendre, nous ne voulons plus discuter avec vous les grands intérêts de la patrie. Nous ne vous connaissons plus ; nous ne voulons plus vous connaître !... Sur ce que vous avez dit ou fait jusqu'à cette heure, je veux jeter aujourd'hui le voile de l'oubli... Ce ne sont plus des ministres que j'ai devant moi, ce sont des accusés.

M. Clémenceau disait cela à des hommes

comme Ferry et Fallières ! — Et M. Ferry fort de son droit, ayant sa conscience pour lui, souriait, tandis que l'orage populaire grondait sous sa tête.

Aujourd'hui — grâce à Jules Ferry dont nous vénérons la mémoire, nous avons la Tunisie et le Tonkin — M. Fallières est un président de la République, universellement aimé et respecté — M. Clémenceau, enfin, est à la présidence du Conseil « right man in right place » et nous en sommes tous heureux....

XIV

RETOUR VERS LE PASSÉ. — COMMENT LES GÉNÉRATIONS FUTURES JUGERONT M. FALLIÈRES.

Retour vers le Passé. — Comment les générations futures jugeront M. Fallières.

Comme ces coureurs des jeux olympiques qui, après avoir gravi la côte à toute vitesse, se retournent pour jeter un rapide coup d'œil sur l'étape parcourue, je voudrais m'arrêter une minute pour analyser une admiration.

Il en est du succès comme de toutes les choses humaines : il y en a de légitimes, il y en a de fâcheux, il y en a de ridicules.

On ne saurait trop souvent rappeler cette distinction quelque peu oubliée à l'heure actuelle.

Ce n'est pas tout d'avoir obtenu un succès ou d'avoir joué un rôle, il faut encore qu'on sache de quels éléments bons ou mauvais, ce succès ou ce rôle se composent.

La gloire véritable ne commence jamais qu'après cette épreuve, qui le consolide ou le renverse.

Il n'est donc pas inutile de rechercher pourquoi un homme a réussi.

Les grands succès, quelle que soit leur valeur réelle, en disent long sur ceux qui les obtiennent et plus encore sur ceux qui les dispensent.

Par ce côté du moins, la tâche ingrate qui consiste à discuter leur vrai mérite n'est pas sans compensation.

Une époque se définit elle-même par les hommes qu'elle admire. Mais on est en général mauvais juge de ses propres admirations.

Elles sont bien rares les générations qui n'ont jamais eu ni à briser une idole, ni à rougir d'une prédilection.

Aussi l'opinion est-elle tenue de revenir très souvent sur ses arrêts avant de pouvoir leur donner force de loi.

Jusqu'à cette révision salutaire, un succès ne peut être considéré que comme une présomption car, s'il est souvent un titre de gloire pour ceux qu'il récompense, il n'est quelquefois qu'un sujet de confusion pour ceux qui le donnent.

Voici un homme qui a eu une fortune rapide et brillante, à la fin du XIXe siècle et qui a été accueilli dès son arrivée à la Chambre, par une popularité légitime. Il a vu depuis, son succès grandir, d'année en année, et il est arrivé à son plus brillant éclat dans une période dont le caractère le plus marqué est peut-être une sorte d'indifférence pour les personnalités qui s'affirment.

Tout récemment sa renommée a reçu une consécration suprême des suffrages de la Chambre des députés et du Sénat.

En couronnant, au nom des idées républicaines, le labeur incessant d'une noble existence, nos élus ont rendu un puissant hommage à la justice en même temps qu'à l'égalité démocratique qui doit toujours guider notre choix.

A quelles qualités, à quels défauts a pu tenir la destinée exceptionnelle de M. Fallières ?

Quelle idée devons-nous nous faire d'une supériorité affirmée avec tant de passion par les républicains de gauche qui portèrent M. Fallières à la présidence de la République, et niée de l'autre, par les partis de droite, ces négateurs quand même ?

Ce succès de M. Fallières, après l'avoir cherché de prime abord dans ses exceptionnelles qualités d'orateur et d'homme de bien, ne doit-on pas le trouver aussi dans une rare et intime corrélation entre l'homme qui en est l'objet et la commune mesure des intelligences du temps où il se produit.

Ce qui nous plaît en lui, c'est que nous retrouvons nos propres aspirations démocratiques, nos goûts de vie simple et libre, indemnes des passions violentes.

Et l'on peut dire, sans être taxé d'exagération, que ceux d'après demain songeront avec une sorte de fierté complaisante aux hommes d'aujourd'hui, faits à l'image de notre président.

Et c'est pourquoi ces hommes-là — par un miracle bien compréhensible — reprendront vie aux yeux de nos petits-fils...

XV

CANDIDAT A LA PRÉSIDENCE DE LA CHAMBRE.— LE SCRUTIN DE LISTE. — DE 1885 A 1887.

XV

CANDIDAT A LA PRÉSIDENCE DE LA CHAMBRE. —
LE SCRUTIN DE LISTE. — DE 1885 A 1887.

Renversé le 30 mars 1885 à la suite de l'affaire de Langson, M. Armand Fallières fut candidat, à la présidence de la Chambre contre M. Floquet, le 6 avril suivant.

Ce fut M. Floquet qui fut son concurrent heureux.

Mais ce ne fut là, à la vérité, qu'une passagère défaite.

Le scrutin de liste venait d'être institué.

Aux élections de 1885, les fidèles électeurs du Lot-et-Garonne tinrent à rendre un hommage au grand citoyen qui avait si dignement servi la France et la République.

Il fut élu, le premier sur cinq, par 42.766 voix. Ses compatriotes se rappellent encore les ovations inoubliables qui accompagnèrent à la Préfecture d'Agen l'annonce finale [du scrutin.

On peut dire que ce fut presque uniquement sur le nom de M. Fallières que se fit cette imposante manifestation et que les autres députés ne furent élus, que par le concours de sa haute influence personnelle...

Voici donc M. Fallières, de nouveau député, rentrant à la Chambre avec plus d'autorité que jamais,

Va-t-il jouer un rôle prépondérant dans le nouveau ministère ? Ou va-t-il, en simple spectateur, suivre d'un œil intéressé ceux qui lui ont succédé au pouvoir ?

Du 30 mars 1885 au 31 mai 1887, le député de Nérac ne fit partie d'aucune combinaison ministérielle.

Mais pendant ces deux années il ne resta point inactif.

Il se consacra à de sérieuses études de législation ; il intervint dans tous les débats parlementaires importants.

Prenez le *Journal officiel* et feuilletez-le. Chaque fois qu'une question juste, intéressante, patriotique est portée à la tribune ; chaque fois qu'il est nécessaire de défendre les faibles contre les forts, les opprimés contre les oppresseurs, M. Armand Fallières est au premier rang, parmi les grands lutteurs qui sont aujourd'hui rentrés dans l'histoire et auxquels le temps a rendu pleine justice.

Pendant cette période il s'occupe également des questions départementales. Il sait qu'il peut compter sur toute l'affection et la respectueuse estime des électeurs du Lot-et-Garonne, et il s'applique à favoriser les agriculteurs.

Par lui, par ses amis MM. Joseph Chaumié et Edouard Giresse, aujourd'hui sénateurs, ce département connaît une ère de prospérité sans pareille.

M. Fallières, très écouté, conseille les éleveurs qui régénèrent la race garonnaise ; il fait augmenter progressivement le nombre des planteurs de tabac.

Pour la viticulture, il paie d'exemple. Il agrandit peu à peu son domaine de Loupillon et y établit des plantiers modèles.

Une sécheresse, un cyclone viennent-ils détruire les récoltes ? A la rentrée du Parlement, M. Fallières monte à la tribune pour demander des crédits qui peuvent atténuer dans la mesure du possible les malheurs du temps présent.

Comme homme politique, c'est peut-être la période la moins brillante qu'il traverse, en apparence du moins.

A vrai dire, la réalité est toute autre. La période est utile et féconde entre toutes.

Fort de son expérience, le futur Président de la République regarde, écoute, travaille et se prépare à gouverner encore avec une autorité nouvelle.

Le temps est proche où il va reprendre le portefeuille de l'intérieur dans le ministère Rouvier.

Nous allons l'y suivre avec toute l'impartialité dont nous avons fait preuve jusqu'ici.

XVI

LE CABINET ROUVIER. — M. FALLIÈRES, MINISTRE DE L'INTÉRIEUR

XVI

LE CABINET ROUVIER. — M. FALLIÈRES,

MINISTRE DE L'INTÉRIEUR

Les poètes sont des sages : ils ont tout prévu.

Certainement Alfred de Musset pensait aux ministères quand il écrivait, à propos des enfants, qu'en eût-on un bancroche et bancal, c'était encore bien joli de l'avoir fait !

Ce n'était pas le cas du ministère Rouvier qui entrait en fonctions le 31 mai 1887. Mais le public s'irritait des crises prolongées, comme des dangereuses vacances d'un pouvoir éternellement mobile. Et il était heureux de voir arriver au ministère des finances, M. Rouvier ; à l'intérieur, M. Fallières ; aux affaires étrangères, M. Flourens ; à l'instruction publique, M. Spuller.

Dès que le bruit eut couru que M. Rouvier était chargé de faire un cabinet, le public répondit : « Il le fera. »

Prodigieusement laborieux, le nouveau Président du Conseil était comme M. Fallières, extrêmement persévérant.

Faisant allusion à ses débuts dans la vie, on avait dit tout d'abord de lui qu'il n'était qu'un commis aux finances. Colbert aussi, qui avait pour armes, la couleuvre.

Cette ascension vers le pouvoir, pendant vingt ans, nous l'avons vue faire à M. Rouvier. Il ne s'est rebuté de rien. Il a tenu bon, et, lutteur adroit, quand le pied lui a glissé, il a su ne pas toucher des épaules. On le lâche : il ne lâche pas.

Le public l'aimait pour cette confiance audacieuse qu'il avait en son étoile et que n'altéraient pas les nuages qui la voilaient.

Quoique nous ne considérions pas avec les badauds qu'il y ait un grand dévouement à être premier ministre et un héroïsme bien transcendant à prendre un portefeuille, l'homme nous plaît qui, avouant son ambition sans hypocrisie, accepta une lutte redoutable.

Nous préférons, en politique, un peu de brutalité à trop de coquetterie. Et remarquez que M. Rouvier a fait, pendant son passage aux affaires, une œuvre des plus utiles. Il a combattu de toutes ses forces le boulangisme naissant. Et pour M. Fallières cela n'a pas été une sinécure que d'accepter, dans un pareil moment, le portefeuille de l'Intérieur.

Voici la déclaration que le chef du gouvernement lut à la tribune le 1er juin 1887.

MESSIEURS

« Appelés par la confiance de M. le Président de la République à prendre la direction des affaires dans un moment difficile, nous considérons comme un devoir de nous présenter devant vous avec un programme aussi nettement déterminé que possible.

« Nous avons la ferme résolution d'aborder immédiatement les réformes à l'occasion desquelles la dernière crise a éclaté, et qui sont la raison d'être du cabinet actuel.

« En première ligne vient la réforme budgétaire. Elle doit avoir pour base principale un système de sérieuse économie et de simplification des services administratifs.

« Résolus à faire rendre aux impôts existants tout ce qu'ils doivent donner, nous nous appliquerons à fortifier l'autorité des agents de perception et à réprimer énergiquement la fraude.

« Les propositions de dépenses pour l'exercice 1888 seront ramenées à un chiffre inférieur, nous l'espérons, à celui des dépenses votées pour 1887.

« En aucun cas il ne le dépassera.

« La discussion des projets de lois organiques de notre régime militaire est inscrite à l'ordre du jour de la Chambre. Le gouvernement est prêt à y prendre part.

« Notre politique extérieure restera fidèle à elle-même : digne, prudente et ferme.

« Nous poursuivrons avec un redoublement

d'activité la préparation de l'Exposition universelle.

« Tels sont, messieurs, nos projets.

« C'est notre conviction qu'il y a une majorité pour soutenir une politique vraiment pratique.

« Nous avons cherché dans la formation d'un cabinet de concentration républicaine, les moyens et la force de dégager cette majorité.

« Nous appelons tous les républicains, tous les patriotes, à cette œuvre de travail dans l'apaisement.

« Elle ne peut réussir que par le concours de tous.

« Nous sommes des hommes de bonne volonté et nous avons confiance dans le jugement que porteront sur nous nos collègues et nos concitoyens. »

Il serait excessif de dire que cette déclaration fut accueillie avec enthousiasme. Le centre applaudit mais la droite demeura impassible.

La bataille s'engagea aussitôt par le dépôt d'une interpellation de MM. Julien et Barodet sur la politique générale du gouvernement. On passa au vote d'un ordre du jour présenté par eux qui fut repoussé. Puis l'ordre du jour pur et simple, demandé par le gouvernement fut adopté par 384 voix contre 156. Le cabinet était né viable.

Si les feuilles intransigeantes ne pouvaient se consoler des défaites successives subies sous le cabinet Rouvier, et poursuivaient avec violence le ministère, on doit reconnaître qu'en revanche la plupart des organes républicains rendaient hommage à MM. Rouvier, Fallières et Spuller, les trois membres les plus en vue du ministère.

Et il fut bon prophète celui qui écrivit en juin 1887 : « Nous n'avons certainement pas la prétention de soutenir que M. Rouvier et ses collaborateurs auront une existence calme et facile, qu'il ne leur faudra pas surmonter des obstacles, livrer des batailles ; mais nous sommes convaincus qu'ils sortiront triomphants de cette lutte et rallieront tous les républicains qui ne font point profession d'opposition systématique. »

C'est ce qui arriva. Le cabinet Rouvier connut des séances orageuses, mais il n'en fit pas moins œuvre très utile, et, malgré les efforts coalisés de la droite et de la gauche, il ne fut renversé qu'après plusieurs mois d'existence.

M. Fallières devait quitter l'intérieur, mais être appelé quand même à faire partie du Cabinet suivant.

XVII

L'ÉLECTION DU PRÉSIDENT CARNOT. —
M. FALLIÈRES MINISTRE DE LA JUSTICE
DANS LE CABINET TIRARD.

XVII

L'ÉLECTION DU PRÉSIDENT CARNOT. — M. FAL-
LIÈRES MINISTRE DE LA JUSTICE DANS LE CABI-
NET TIRARD.

Le 4 décembre 1887, le Congrès de Versailles élisait un nouveau Président de la République.

Habemus pontificem. Nous avons un Pontife,
crient après les conclaves les cardinaux ro-
mains qui procèdent à l'élection des Papes.

Le 5 décembre, la France avait donc un Président de la République ; ce Président c'était
M. Sadi-Carnot, qui avait été Ministre des finances et qui était arrivé à la plus haute magistrature de l'Etat, sans y avoir sans doute
jamais beaucoup songé lui-même.

Il convient de faire observer cependant que
M. Sadi-Carnot avait, comme on dit, de qui te-

nir, car il appartenait à une famille de souverains — de souverains républicains, cela va
de soi.

Son grand-père, l'organisateur de la Victoire,
avait fait partie, vers la fin du XVIIIe siècle, du
Directoire exécutif. Son père, M. Carnot, sénateur inamovible, avait été en 1848, membre du
gouvernement provisoire. M. Sadi-Carnot continuait donc une tradition. Et c'est pour ce motif, qu'il fut salué respectueusement par tous
les républicains de France à son arrivée à
l'Elysée.

Suivant en cela une tradition constante, le
cabinet Rouvier remit sa démission collective
au nouveau Président qui fit aussitôt appeler
M. Charles Floquet, Président de la Chambre
et M. Le Royer, Président du Sénat ; puis
MM. Clémenceau, Faye, de Marcère, Goblet
Raynal, Dide, Ricard, etc.

Dans son entrevue avec M. Clémenceau,
M. le Président de la République déclara que
tous ses efforts tendraient à se rendre digne

du poste auquel on l'avait élevé, que, peut-être, il ne réussirait pas toujours dans ses efforts, mais que ses intentions seraient toujours droites et auraient pour but l'affermissement de la République. Il dit ensuite qu'il fallait faire la concentration :

1° En vue de la situation extérieure ;

2° En vue des élections de 1889 ;

3° En vue du budget.

M. Carnot ajouta : « Il faut un budget honnête, et, sur ce point, il ne peut y avoir aucune dissidence parmi les membres de la majorité. »

M. Clémenceau répondit que telles étaient ses intentions sur tous les points développés par le président. Et il ajouta : « Quand nous nous trouverons en présence d'un ministère qui agira dans le sens réformateur, nous le suivrons résolument. Les radicaux sont prêts à tous les sacrifices, mais on ne peut pas raisonnablement leur demander leur concours, si on ne leur offre rien en échange. »

Le 13 décembre, le Président de la République fit appeler M. Tirard et le soir même les décrets portant la composition du nouveau ministère étaient signés.

M. Tirard prenait le portefeuille des Finances avec la présidence du Conseil ; M. Fallières, la Justice ; M. Flourens, les Affaires étrangères ; M. Faye, l'Instruction publique ; M. de Mahy, la Marine ; M. Loubet, les Travaux publics ; M. Daubresme, le Commerce ; M. Viette, l'Agriculture ; et le général Logerot, la Guerre.

A la séance du 14 décembre, M. Tirard lut à la Chambre des députés le message du Président de la République et ce fut M. Fallières qui, en qualité de garde des sceaux, en donna communication au Sénat.

Enfin c'est le 16 qu'on donna connaissance aux sénateurs et députés de la déclaration ministérielle trop longue pour que nous la reproduisions ici où M. Fallières — et n'est-ce pas entre tant d'autres, un de ses titres de gloire ? — traita de la réforme de la législation sur les faillites et de l'achèvement du Code rural.

Malgré les rivalités incessantes qu'on vit s'accroître, de jour en jour, entre les divers groupes républicains, le cabinet Tirard fit une besogne intéressante.

A vrai dire, ce fut pour tous les citoyens honnêtes et sensés, ceux qui travaillent et qui ont besoin de paix, de calme, de sécurité, une grande joie que de voir partir en vacances, à la fin de 1887, députés et sénateurs.

Pendant deux semaines ils vaquèrent à leurs affaires sans redouter quelque surprise désagréable, quelque effondrement de cabinet.

Mais trois semaines sont bien vite écoulées, et dès l'ouverture de la session de 1888, la tragi-comédie parlementaire recommença de plus belle.

Cependant le cabinet Tirard vécut jusqu'au 3 avril 1888. Il avait rendu de signalés services au pays — grâce à MM. Tirard, Fallières, Flourens et Loubet.

XVIII

LE SECOND CABINET TIRARD. — M. FALLIÈRES, MINISTRE DE L'INSTRUCTION PUBLIQUE

XVIII

LE SECOND CABINET TIRARD. — M. FALLIÈRES
MINISTRE DE L'INTRUCTION PUBLIQUE

Le 15 février 1889, le cabinet Floquet était mis en minorité à la Chambre des députés. Aussitôt le président du Conseil montait à la tribune et déclarait :

« Le gouvernement a demandé à la Chambre et obtenu d'elle la mise à l'ordre du jour de lundi du scrutin uninominal et à l'ordre du jour de jeudi du projet de revision.

« J'avais pris l'engagement de poser la question de cabinet au profit de l'une et l'autre de ces questions. Je suis de ceux qui ont l'habitude de tenir leurs engagements. Je l'ai tenu sur la première question. Aujourd'hui je suis mis par le vote qui vient d'être rendu, dans l'impossibilité de tenir mon engagement sur la seconde question. Dans ces conditions j'ai l'honneur d'annoncer à la Chambre que, dans quelques minutes, le cabinet remettra sa démission à M. le Président de la République ».

La crise ministérielle était de nouveau ouverte. Elle fut résolue le 23 février 1889. Dans ce second Cabinet Tirard, c'est à M. Fallières que fut donné le portefeuille de l'Instruction publique.

C'est ce ministère qui présida à l'Exposition universelle et fit condamner le général Boulanger par la Haute Cour de justice.

M. Tirard disait dans sa déclaration :

« Nous considérons que la tâche principale du gouvernement de la République dans les circonstances où nous sommes, consiste à préparer pour tous les républicains, pour tous les Français attachés à l'ordre autant qu'à la liberté, un terrain d'action commune, énergique et décisive, en vue de défendre et d'affermir le régime de paix, de justice et de progrès que notre pays a voulu se donner en fondant la République.

« Fidèle à l'esprit des institutions libres, tous nos efforts tendront à ce que la France soit consultée en pleine possession d'elle-même, dans le calme d'une période d'apaisement et de concorde.

« A cette œuvre de pacification nécessaire, nous vous convions dans l'intérêt supérieur de la patrie.

« Le succès de cette politique dépend de notre fermeté, de notre vigilance, vous pouvez y compter. Autant nous sommes décidés à couvrir de notre responsabilité les fonctionnaires dévoués à leur devoir, autant nous serons les juges sévères des fautes et des défaillances.

« Quant à notre vigilance, nous tenons pour notre devoir le plus impérieux, de prendre résolument toutes les mesures qu'assureront le maintien de l'ordre légal et le respect dû à la République, en déjouant et en réprimant au besoin les entreprises des factieux. »

Le second ministère Tirard eut une existence plutôt agitée. Heureusement pour la France, M. Constans était ministre de l'Intérieur et l'on se rappelle qu'il sut déjouer les projets du général Boulanger et du parti puissant qui s'était formé derrière lui grâce aux millions prodigués par la duchesse d'Uzès.

Ce fut sous le ministère Tirard que le décret interdisant au duc d'Aumale l'accès du territoire de la République fut rapporté. Tous les hommes de bon sens qui composaient le cabinet furent d'accord sur cette question.

La rentrée de l'héritier des Condé ne pouvait inquiéter personne et MM. Tirard, Fallières, Constans et leurs collègues firent une bonne action en permettant à un vieillard qui était, en somme, dans la plus haute acception du mot, un bon Français, de finir ses jours sur le territoire de sa patrie.

Quelques énergumènes et quelques faux jacobins s'indignèrent de cette mesure. Tous les gens de bon sens l'approuvèrent.

La première visite du duc d'Aumale fut pour M. Carnot. Et ce fut en ces termes, qu'il remercia le Président, les Ministres et le Parlement :

— En touchant le sol de la patrie, mon premier soin, M. le Président, est de vous exprimer les sentiments que m'inspire l'acte que votre gouvernement vient d'accomplir, dans des conditions également honorables pour celui qui en est l'auteur et celui qui en est l'objet. C'est votre premier souci, je le sais ; c'est aussi le mien ; c'est là ce qui touche mon cœur ; c'est ce dont je tenais à vous remercier.

C'est là un des actes généreux des Ministres du second cabinet Tirard. Nous ne pouvions le laisser passer inaperçu dans une biographie consacrée à M. Fallières et au mouvement politique de notre époque.

Est-il nécessaire de rappeler les incidents multiples de la Haute Cour de justice ? Ils sont présents à toutes les mémoires — et d'ailleurs M. Fallières n'y fut pas directement mêlé.

Elu sénateur du Lot-et-Garonne le 8 juin

1889 par 457 voix, le futur Président de la République fut maintenu dans le cabinet Freycinet de mars 1890 qui devait durer deux ans, mais il reprit le portefeuille de la Justice.

XIX

LE CABINET FREYCINET. — M. FALLIÈRES, MINISTRE DE LA JUSTICE

XIX

LE CABINET FREYCINET. — M. FALLIÈRES,
MINISTRE DE LA JUSTICE.

Le 14 mars 1890 M. Tirard, président du Conseil et son ministre des affaires étrangères furent mis en minorité au Sénat, à propos de l'interpellation relative au renouvellement d'un traité de commerce Franco-Turc.

Le 15, dans la matinée, les ministre se réunirent au ministère du Commerce où un conseil de cabinet eut lieu sous la présidence de M. Tirard qui annonça sa démission. M. Spuller s'étant rangé à cette opinion, tout le cabinet démissionna.

Le 18, un nouveau cabinet était constitué, sous la présidence de M. Freycinet, ministre de la guerre qui s'était assuré la collaboration à la Justice et aux Cultes de M. Fallières ; aux Affaires étrangères de M. Ribot ; à l'Intérieur de M. Constans ; aux Finances de M. Rouvier ; à la Marine, de M. Barbey, à l'Instruction publique de M. Bourgeois ; aux Travaux publics de M. Yves Guyot. M. Eugène Etienne était en outre nommé sous-secrétaire d'Etat aux Colonies.

Comme on peut le voir par les noms qui précèdent, M. de Freycinet ne s'entourait que des membres les plus en vue, des personnages les plus éminents des deux Chambres.

La déclaration du gouvernement, portée à la tribune du Sénat par M. Fallières, fut en tous points remarquables.

Elle notait fort judicieusement « qu'un gouvernement n'a pas seulement à faire exécuter les lois au dedans et à faire respecter la France au dehors. Son action doit s'exercer dans toutes les manifestations de la vie nationale. Il faut que partout le citoyen sente que la marche des affaires publiques n'est pas livrée au hasard, mais qu'elle obéit à une impulsion ferme et soutenue. »

C'est sous le ministère Freycinet que M. Fallières eut à s'occuper de la loi sur la presse.

Le gouvernement n'étant pas l'auteur de la loi, il donna simplement son avis.

Il ajouta devant la Commission que le Cabinet était d'avis de laisser les diffamations à la connaissance du jury, mais que, pour l'outrage et l'injure, il était d'avis de déférer ces délits à la police correctionnelle, attendu qu'il ne s'agit pas, en l'espèce, de délit d'opinion ; que la liberté de la presse n'est pas en cause, l'outrage et l'injure devant être assimilés à des voies de fait.

Il parla ensuite de l'anomalie qui existait entre la répression de l'injure telle qu'elle était prévue par l'article 222 du Code pénal et de la loi de 1881.

Pendant cette période féconde de deux années où la République triompha de ses ennemis, M. Fallières eut maintes fois l'occasion de prendre la parole. Prenez au hasard une feuille de l'époque et que lisez-vous ? Que le garde des sceaux a obtenu une très belle majorité au gouvernement.

En mai 1890, par exemple, M. Francis Laur interpelle à propos d'une question secondaire. Un journal qui n'a pas d'opinion juge ainsi :

« Au fond rien de ce que raconte M. Laur ne tient debout et M. Fallières n'a pas eu de peine à faire justice de ses divagations. »

Et plus loin : « A une énorme majorité la Chambre vote l'ordre du jour pur et simple. »

C'est, également à l'époque du ministère Freycinet que, sur l'indication de M. Fallières, on songe à reviser le Code d'instruction criminelle au sujet des erreurs judiciaires.

Il faudrait dix volumes pour suivre l'homme d'Etat éminent qu'est M. Fallières, dans ses étapes successives. Et notre but ici est beaucoup moins compliqué.

Nous cherchons avant tout et surtout à rappeler rapidement aux jeunes générations, le rôle très important qu'il a joué, dans la politique contemporaine.

Il est arrivé au point culminant de sa vie. Sans doute d'autres honneurs lui seront réservés en 1899 et en 1906 — mais on peut dire, sans crainte d'être démenti, que la période la plus féconde, la plus active et, partant, la plus brillante de sa vie, fut celle où il fut Ministre de la Justice dans le cabinet Freycinet — l'époque où il n'hésita pas à prendre l'initiative des poursuites contre l'archevêque d'Aix, M. Gouthe-Soulard qui avait adressé au gouvernement une lettre injurieuse — l'époque enfin où il dirigea pendant deux années de suite un des services les plus importants de l'Etat avec autant de fermeté que de justice.

Et c'est pourquoi la mémoire de M. Fallières restera comme restent tous les hommes qui édifient en ce bas monde une œuvre durable.

XX

DE 1892 A 1899 — M. FALLIÈRES, PRÉSIDENT DU SÉNAT

XX

DE 1892 A 1899 — M. FALLIÈRES,
PRÉSIDENT DU SÉNAT

M. Fallières, depuis de longues années, conseiller général du canton de Nérac, fut réélu sénateur en 1897.

Pendant une période de sept ans il joua au Sénat un rôle si important que, lorsque à la mort de Félix Faure M. Loubet fut nommé Président de la République, M. Fallières fut appelé a lui succéder comme Président du Sénat.

L'élection eut lieu le 3 mars 1899. Avant l'ouverture de la séance les quatre groupes républicains du Sénat se réunirent en assemblée plénière.

Le scrutin fut ouvert sans débat et donna lieu à trois tours. Au troisième tour, M. Constans obtenait 80 voix ; M. Fallières 75 ; M. Franck-Chauveau 36 ; M. Peytral 28.

C'est dans ces conditions que la séance fut ouverte à quatre heures, sous la présidence de M. Demôle.

Le scrutin fut ouvert pour l'élection du Président du Sénat.

Votants : 263.

MM. Fallières	. . . .	96 voix.
Constans	. . .	84
Franck-Chauveau	.	56
Peytral	. . . .	25
Bulletins blancs	.	3

Aucun des candidats n'ayant eu la majorité absolue, il y eut lieu à un second tour.

Le 2ᵉ tour de scrutin donna les résultats suivants.

Votants : 257. — Majorité absolue : 129.

MM. Fallières	. . .	151 voix.
Constans	. . .	85
Franck-Chauveau	.	18
Bulletin blanc	.	1

M. Fallières fut donc élu et proclamé Président du Sénat.

Le mardi 7 mars, il prit possession du fauteuil et prononça le discours d'usage.

Après avoir remercié ses collègues de l'avoir élu, il fit l'éloge de ses prédécesseurs et particulièrement de celui auquel il succédait directement, « l'homme éminent et modeste que l'assemblée nationale a pris au fauteuil de la présidence du Sénat ».

Puis il parla d'apaisement, de concorde et fit appel à l'opinion qui devait attendre patiemment (à propos de l'affaire Dreyfus) et accepter sans restriction l'arrêt de la justice.

Après le remarquable discours de M. Fallières, on reporta à la fin de la discussion du budget de la guerre devant la Chambre, la fixation d'une interpellation de M. Fabre sur les tentatives d'embauchage d'officiers. Puis le Sénat aborda, en deuxième délibération, le projet de loi relatif à la réforme du casier judiciaire...

Au cours de cette année 1899 particulièrement troublée par des événements succes-
sifs, M. Fallières fut appelé, comme Président du Sénat à présider et à diriger les au-
diences de la Haute-Cour de justice, devant
laquelle le ministère de Waldeck-Rousseau
avait fait traduire MM. Déroulède, Marcel Ha-
bert, le comte Eugène de Lur-Saluces et un
certain nombre de nationalistes, d'antisémites
et de royalistes coupables d'attentat contre la
sûreté de l'État.

Depuis cette époque, M. Fallières fut cons-
tamment choisi comme président du Sénat et,
au renouvellement du 7 janvier 1906, les fidèles
électeurs de son département lui accordèrent
une fois de plus leur confiance. Il passa en tête
de la liste et MM. Chaumié et Giresse furent
réélus avec lui sénateurs du Lot-et-Garonne.

LE CONGRÈS DE VERSAILLES. — M. FALLIÈRES, PRÉSIDENT DE LA RÉPUBLIQUE

XXI

LE CONGRÈS DE VERSAILLES. — M. FALLIÈRES,
PRÉSIDENT DE LA RÉPUBLIQUE

C'est le 17 janvier 1906 que M. Armand Fallières fut élu, par le Congrès de Versailles, Président de la République Française.

Il ne nous paraît pas inutile de rappeler ici cette mémorable séance et d'en fixer la physionomie.

Elle fut ouverte à une heure précise. La salle du Congrès était littéralement comble, la galerie découverte qui court sur trois côtés était ornée d'un triple rang de femmes assises, d'une rangée d'hommes debout, et, derrière, les couloirs étaient bondés d'une foule encore plus grande, qui attendait, vainement d'ailleurs, de pouvoir rentrer.

Toutes les places des membres de l'Assemblée nationale étaient occupées ou presque. M. Combes était tout en haut, à gauche. M. Clémenceau tout en bas également à gauche.

La foule des députés et des sénateurs était gaie. Jamais on n'aurait pensé, si on ne l'avait su, qu'elle était réunie là pour élire un Président de la République.

Mais soudain on aperçut des huissiers à chaîne et, derrière eux, M. Fallières. Aussitôt, toute la gauche fut debout, applaudissant et criant : « Vive la République ! »

L'ovation se continua tout le temps que M. Fallières mit à monter au fauteuil, entouré des secrétaires du Sénat, MM. Boudenoot, Forgemol de Bostquénard, Gotteron, Pédebidou et Sauvan.

Puis le silence s'établit. M. Fallières déclare la séance ouverte et donne lecture de l'article 3 de la loi constitutionnelle du 16 juillet 1875.

« Art. 3. — Un mois au moins avant le terme légal des pouvoirs du Président de la République, les chambres devront être réunies en Assemblée nationale pour procéder à l'élection du nouveau Président ».

Il lit ensuite l'article 2 de la loi constitution-nelle du 25 février 1875.

« Art. 2. — Le Président de la République est élu à la majorité absolue des suffrages par le Sénat et par la Chambre des députés, réunis en Assemblée nationale. Il est nommé pour sept ans, Il est rééligible ».

M. Fallières ajoute :

— Je déclare l'Assemblée nationale consti-tuée pour l'élection du Président de la Répu-blique. Le scrutin aura lieu à la tribune par appel nominal.

L'appel commence aussitôt. Députés et sé-nateurs se pressent au pied de l'escalier et les huissiers ont quelque peine à rétablir l'ordre. Un à un, à l'appel de leur nom, ils montent l'es-calier, donnent leur bulletin et redescendent.

Cela dure exactement deux heures.

A l'appel de M. Paul Doumer, celui-ci monte

l'escalier de son pas facile, vif, la tête haut levée. Quand vient le nom de M. Fallières, celui-ci se penche en avant, le secrétaire se lève sur la pointe des pieds et reçoit le bulletin.

On fait un contre-appel. Puis c'est fini. Les urnes sont renversées dans douze corbeilles blanches, les corbeilles sont ficelées et les huissiers les emportent. M. Fallières déclare la séance suspendue et tout le monde s'en va.

A trois heures et demie les députés rentrent un à un. La salle bientôt est comble, et on entend comme une rumeur de mer en furie.

Des minutes passent qui semblent des heures. Enfin, les huissiers rentrent, précédant le bureau ; mais le président Fallières est remplacé par M. Antonin Dubost, vice-président.

Plus de doute. Le premier tour a suffi. On commence a crier à gauche : « Vive la République ! » Les ministres n'ont pas assez de mains pour serrer celles qu'on leur tend. M. Clémenceau est très entouré.

Enfin, à trois heures quarante, M. Dubost déclare la séance reprise et donne les résultats du scrutin :

> Nombre de votants : 849
> Majorité absolue : 456 425
>
> M. Fallières. 449
> M. Doumer. 371
> Voix diverses. 28

Les ministres donnent le signal des applaudissements. Par trois fois la gauche se lève et recommence les battements de mains.

Puis quand le calme se rétablit M. Dubost ajoute :

— En conséquence, M. Fallières, ayant obtenu la majorité des suffrages, je le proclame Président de la République Française pour sept ans, à dater du jour où expireront les pouvoirs du Président en exercice.

Nouvelles manifestations, tonnerre d'applaudissements.

— La séance de l'Assemblée nationale est

close, dit encore M. Dubost. La parole est à un des secrétaires pour la lecture du procès-verbal.

M. Georges Leygues à la tête des élus du Lot-et-Garonne aborde le premier M. Fallières, et il en profite pour lui adresser le discours suivant :

« MONSIEUR LE PRÉSIDENT,

« Permettez-moi de dire toujours : « mon cher ami », au nom du département de Lot-et-Garonne, dont nous sommes ici les représentants; laissez-moi vous dire que notre fierté égale notre joie. Je n'ajouterai qu'un mot : Nous qui avons suivi pas à pas votre carrière, qui connaissons la droiture de votre esprit et de votre cœur, la fermeté inébranlable de vos convictions républicaines et votre ardent patriotisme, nous pouvons affirmer que les destinées du pays sont en bonnes mains.

« Nous savons que tous vos efforts tendront à faire la République plus forte et la patrie plus grande et à conserver au pouvoir l'autorité et la dignité qu'il ne peut puiser que dans le respect scrupuleux des lois, dans une conception haute et sage du gouvernement et dans une politique d'incessant progrès démocratique et social ».

M. Fallières, les larmes aux yeux, répond après avoir serré avec effusion la main de M. Leygues.

« MON CHER AMI, MESSIEURS,

Vous comprendrez que j'aie à cœur de répondre aux représentants du département de Lot-et-Garonne et, pour parler, j'ai besoin de surmonter mon émotion. Ce département a été le berceau de ma vie politique. A lui me rattachent mes meilleurs souvenirs et tous mes liens d'affection.

« C'est là, ajoute le Président, en se tournant vers M. Dauzon, député d'Agen, que j'ai connu votre père, et que nous avons combattu ensemble pour la République.

« C'est là, aussi, dit-il, en s'adressant à M. Georges Leygues, en 1885, à l'heure où nous livrâmes une de nos plus rudes batailles, que j'ai rencontré un jeune homme dont l'énergie égalait la vaillance et avec lequel nous triomphâmes. Depuis, nous l'avons toujours vu au premier rang pour la défense des idées républicaines ».

Le président s'adresse ensuite à MM. Dèche et Fabre, les représentants de Marmande et de Nérac.

« Vous aussi, je vous connais : vous êtes des républicains. Si nous avons pu différer sur certains points, je sais que, sur le fond des choses, il n'y a jamais eu de divergences entre nous et que l'on vous trouvera toujours pour défendre la République et la patrie ».

Puis M. Berteaux présente la représentation de Seine-et-Oise, en ces termes :

« MON CHER PRÉSIDENT,

« Je viens au nom des républicains du département de Seine-et-Oise vous exprimer la joie

que nous cause votre élection. Nous en conce-
vons de grandes espérances pour l'avenir de la
patrie qui s'identifie avec la République elle-
même. Sous votre haute direction, elle déve-
loppera ses destinées, en s'acheminant forte et
pacifique, dans la voie féconde du progrès démocratique et de la justice sociale. »

Le président remercie M. Berteaux et serre
les mains des représentants de Seine-et-
Oise.

Après avoir notifié officiellement les résultats
de l'élection, M. Antonin Dubost prononce l'al-
location suivante :

« Monsieur le Président,

« En vous élevant à la Présidence de la République, le Congrès a répondu aux espérances
de la France républicaine. Celle-ci, en effet, ne
pouvait vouloir à sa tête qu'un serviteur res-
pectueux et fidèle de la Constitution et des lois,
en même temps qu'un esprit clairvoyant et

ferme, en état de discerner toutes les nécessités politiques et sociales et d'influer utilement par ses conseils et par son choix sur la marche du gouvernement et de la République.

« Aussi est-ce avec une satisfaction profonde que nous vous apportons nos félicitations et nos vœux, convaincus que le choix du Congrès sera ratifié avec un empressement unanime par tous les patriotes. »

Puis M. Rouvier, président du Conseil, à son tour, s'exprime ainsi.

« Monsieur le Président,

« J'ai l'honneur de vous prier d'agréer les félicitations du gouvernement de la République. Ses vœux sont ceux de la nation tout entière pour que la haute magistrature que vous allez bientôt exercer s'accomplisse dans une ère de travail, de progrès et de paix.

« Je suis heureux et fier de la mission qui m'échoit, heureux de saluer en vous l'élu de la majorité républicaine et fier de retrouver dans cet élu le collaborateur que j'ai eu l'inoubliable honneur d'avoir à mes côtés, il y a bientôt vingt ans, à une époque assurément difficile. »

M. Fallières répond à la fois à MM. Rouvier et Dubost :

« MESSIEURS,

« Mon émotion et ma gratitude pour le vote que vous venez d'émettre sont aussi profondes et aussi vives que fut éclatante la manifestation républicaine (vifs applaudissements), à laquelle nous venons d'assister.

« Oui, mon cher Dubost, je serai le scrupuleux observateur de la Constitution. Permettez-moi de vous dire que je ne laisserai en souffrance aucun des droits qu'elle me confère et que je ne me soustrairai à aucune des obligations qu'elle m'impose. Pour justifier votre choix, je resterai le serviteur dévoué de nos institutions et de la patrie (Vifs applaudissements).

« Vous venez de rappeler, mon cher Rouvier, des souvenirs qu'on n'oublie pas. Vous pouvez témoigner que, dans les circonstances auxquelles vous avez fait allusion, je vous ai apporté une collaboration fidèle. Nous traversions à ce moment, de graves épreuves. Les chefs du parti républicain ont tous accompli leur devoir. J'espère que ces circonstances ne se renouvelleront pas ; mais, si elles se renouvelaient, je suis sûr que vous seriez tous à côté de moi (Applaudissements).

« Je sais combien lourde sera ma tâche et à quelles responsabilités votre confiance me convie (vifs applaudissements) ; mais il y a une considération qui me soutiendra : je vais entrer dans une maison où il y a un vieux républicain sans peur et sans reproche qui, pendant sept années, a donné tant d'exemples de courage, de sagesse, de patriotisme et de désintéressement (Vifs applaudissements).

« Je n'ai qu'une ambition, c'est de marcher sur ces traces. Si, comme lui, j'accomplis mes sept ans de mandat, comme lui je descendrai sans bruit, modestement, du pouvoir. Ce sera mon modèle et je ne manquerai jamais de m'inspirer de sa conduite (Vifs applaudissements).

« Je fais appel à votre concours, et, en toute circonstance, vous pouvez compter sur moi (Vifs applaudissements). »

Puis c'est un défilé ininterrompu d'amis qui viennent par groupes féliciter le nouveau Président de la République.

Il y a une minute émouvante. M. Fallières reçoit M. Paul Doumer et s'entretient amicalement avec lui, jusqu'au moment où, escorté des ministres, il quitte le salon réservé, traverse la galerie des Bustes, gagne la cour où il est accueilli par des acclamations enthousiastes, et monte en landau découvert avec M. Rouvier à sa gauche, MM. Dubief et Antonin Dubost en face de lui.

Sous la pluie, le landau, suivi d'autres landaus également découverts tandis que les curieux crient : « Vive Fallières ! Vive la République ! » s'éloigne vers la gare, suivi d'un peloton de gendarmes.

XXII

LES DEUX PRÉSIDENTS. — M. FALLIÈRES A L'ÉLYSÉE

XXII

LES DEUX PRÉSIDENTS. — M. FALLIÈRES A
L'ELYSÉE.

Le 18 février 1906 expiraient les pouvoirs de
M. Loubet. L'ancien Président quitta l'Elysée à
quatre heures et demie. M. Fallières y était
arrivé à quatre heures.

Le faubourg Saint-Honoré était fermé, d'un
côté, au niveau de la rue d'Aguesseau, de l'autre
place Beauveau par des agents et des gardes républicains à cheval.

Le ciel était gris. Par moment un rayon per-
çait les nuages et faisait scintiller l'acier des
baïonnettes et des casques. Quand le drapeau
passa tous les chapeaux se levèrent — chaque
jour ce culte de l'étendard grandit, tandis que
les antimilitaristes multiplient leurs tentatives

criminelles. Et on éprouve une joie réconfor-tante quand passe ce souffle qui fait battre les plis tricolores : le peuple a gardé le culte de la patrie.

Dans la cour d'honneur de l'Elysée, le 104e régiment de ligne bordait les trottoirs. Sous la marquise se tenait le personnel du palais, la maison militaire de M. Loubet, un attaché du Protocole.

Le bureau de la Chambre, M. Paul Doumer en tête, arriva le premier. Puis vinrent le Sénat et les Ministres.

A quatre heures, un coup de canon. On bat aux champs. Le landau présidentiel franchit la route. M. Fallières descend et, encadré par le Protocole, pénètre dans le palais.

Les deux Présidents se serrent cordialement la main et M. Loubet conduit immédiatement le nouveau premier magistrat de la République dans le grand salon où devait se faire la trans-mission des pouvoirs.

Dans ce salon se tenaient : MM. Antonin Dubost, Président du Sénat ; Paul Doumer, Président de la Chambre, tous les Ministres et sous-secrétaires d'Etat ; MM. Monis, Leydet et Guérin, vice-présidents du Sénat ; Petitjean, Pedebidou, Gotteron, Sauvan, de Forgemol, Le Roux, Boudenoot, secrétaires du Sénat ; Bonnefoy-Sibour, Dusolier, Hugot, questeurs de la haute assemblée ; Lockroy, vice-président de la Chambre ; Cornet, Roger Ballu, Marot, Bonnevay, Gérald, secrétaires ; Ragot et Pajot, questeurs de la Chambre ; Rabier, Président la commission de comptabilité.

Sénateurs et députés étaient en habit, la poitrine barrée de l'écharpe tricolore et leurs insignes à la boutonnière.

M. Loubet s'est placé dans le fond du salon, ayant à ses côtés le Président du Conseil et les Ministres ; à sa droite les représentants du Sénat, à sa gauche les représentants de la Chambre.

S'adressant à M. Fallières, il a prononcé l'allocution suivante :

« Monsieur le Président,

« J'ai l'honneur et le plaisir de vous souhaiter la bienvenue au moment où vous prenez possession des hautes fonctions que l'Assemblée Nationale vous a confiées.

« Les sympathies qui vous entourent et que vous ont méritées vos longs et éclatants services à la République, le concours que vous trouverez auprès de tous les bons citoyens, garantissent le succès de votre Présidence, pour le bien de la République et du pays.

« Nul plus que moi ne fait des vœux ardents pour la prospérité de la France, pour le bon renom de la République et pour votre bonheur personnel.

« Puisque MM. les Présidents et les membres du bureau des deux Chambres ont bien voulu, par leur présence, associer le Parlement à cette transmission des pouvoirs dont la simplicité est à l'honneur de la République, il me sera permis d'exprimer à la majorité républicaine des deux assemblées ma gratitude pour le concours qu'elle n'a cessé de me donner.

« Dans le premier message que j'ai adressé au Parlement, j'avais sollicité ce concours pour m'aider à traverser les épreuves qui ne m'ont pas été épargnées au début de ma magistrature, pour essayer de rétablir la paix, l'union et la concorde entre les bons citoyens, pour travailler au développement des institutions de prévoyance, de mutualité, de retraite et de progrès social ; pour maintenir enfin et pour augmenter les sympathies que la République avait gagnées au delà de nos frontières.

« L'avenir dira si j'ai pu réaliser quelques parties de ce programme. J'atteste cependant que j'y ai consacré tous mes efforts.

« L'amélioration du sort des malheureux et des humbles est aujourd'hui une des préoccupations essentielles du Parlement et des lois récentes ont consacré d'utiles progrès.

« De même, grâce au constant appui que le Parlement a donné au Président et au gouvernement de la République, les rapports amicaux de la France et des autres nations ont pu être fortifiés et resserrés, et nous permettent d'avoir pleine confiance dans le maintien de la paix et la sauvegarde de l'honneur national.

« C'est de tout cœur qu'avant de quitter ce Palais, j'adresse mes sincères remerciements au Parlement et aux ministres pour le concours et les sympathies qu'ils m'ont prodigués. »

M. Fallières a répondu aussitôt :

« MONSIEUR LE PRÉSIDENT,

« Je suis profondément touché par l'accueil si cordial que vous me faites dans cette maison. J'y viens simplement comme on va au devoir, sachant que j'aurai la bonne fortune d'être soutenu dans ma tâche par le souvenir des hautes vertus civiques dont vous n'avez cessé de donner l'exemple pendant les trop courtes années de votre septennat.

« Je m'efforcerai — y réussirai-je ? — de faire comme vous ; dans tous les cas, comme vous je serai tout à la France et à la République.

« Je ne veux pas terminer sans m'adresser à mon tour aux membres du Parlement. J'ai besoin de leur sympathie et de leur confiance. J'y fais appel, convaincu qu'elles ne me feront pas défaut. En retour, je tiens à dire, Messieurs, que vous pouvez compter entièrement sur moi pour travailler à la prospérité du pays et à la grandeur de la patrie. »

Les deux présidents se sont de nouveau très cordialement serré les mains, puis se sont entretenus avec les personnes présentes.

Puis après une visite sommaire de l'Elysée, M. Loubet a quitté le Palais. M. Fallières a tenu à reconduire son prédécesseur.

Au moment où les deux présidents descendent le perron entre deux haies de gardes républicains à cheval, M. Loubet sourit, tandis que M. Fallières a l'air grave.

Pour M. Loubet, en effet, c'est la tâche ac-

complie, c'est la sortie par la porte triomphale ;
pour M. Fallières, c'est le pouvoir qui commence avec ses incertitudes et ses difficultés
multiples.

XXIII

LES IDÉES DE M. FALLIÈRES

XXIII

Les Idées de M. Fallières

Pour les hommes qui entrent dans l'histoire il n'est pas de faits qui ne méritent d'être recueillis.

Nous avons cherché dans tous les discours de M. Fallières ceux qui peuvent le mieux le faire connaître à la France républicaine d'aujourd'hui et résument le mieux ses idées.

Le premier fut prononcé aux fêtes civiques de Nérac, du 28 mai 1905.

Sous les auspices du « Souvenir Français » on inaugurait ce jourl-à un monument élevé à la mémoire des soldats de l'arrondissement tombés pendant la guerre franco-allemande.

M. Fallières, président de cette fête, devait y prononcer deux discours.

« Le premier y fut dit, avec l'âme ardente

dont cet orateur sait faire part si large à ses concitoyens de même enthousiasme. »

Le voici :

« A la fin d'une réunion comme celle-ci, où tant de paroles graves ont été prononcées, où, pour répondre à la flamme de vos cœurs, le patriotisme a trouvé les élans de là plus haute éloquence, vous devez vous demander s'il n'y a pas quelque témérité à croire qu'il y ait quelque chose à ajouter. Je voudrais, cependant, remercier, avec la plus grande sincérité, MM. les organisateurs de nos fêtes, qui m'ont fait l'honneur apprécié de m'inviter à y prendre part.

« Ils m'ont, par là, procuré la satisfaction de me trouver au milieu de vous dans cette riante cité, où me rattachent tant de souvenirs de ma vie publique et privée, à côté des deux membres les plus éminents d'un ministère de concentration républicaine, au programme duquel j'ai donné, à l'origine, ma plus complète et ma plus confiante adhésion.

« Je sais bien, et il faut l'en louer sans réserve, qu'en groupant autour de lui tant de généreuses initiatives le *Souvenir Français* a voulu faire, non pas une œuvre de parti, mais une œuvre nationale. C'est bien à la mémoire de tous les fils de l'arrondissement, sans distinction de naissance, de condition, de fortune ou d'opinion, morts sur les champs de bataille ou des suites de la guerre que va être consacrée la solennité à laquelle nous allons nous rendre en sortant d'ici.

« Voilà pourquoi l'heure est à l'apaisement des esprits et au recueillement des consciences.

« Mais ne manquerions-nous pas à nos devoirs de citoyen, serions-nous dignes d'être des hommes libres, si nous la laissions passer sans appeler vos méditations sur deux des plus terribles leçons de notre histoire contemporaine et sans en dégager l'enseignement qu'elles comportent, dans l'intérêt supérieur du pays ? Nous sommes assez loin des terribles événements de 1870 et de 1871 pour en par-

ler avec une indépendance absolue d'esprit ;
non, certes, sans une profonde tristesse, mais
sans autre souci que celui de la vérité et de
la justice, sans autre passion que celle du
bien public.

« Que nous rappellent donc ces souvenirs,
dont l'importunité nous assiège aujourd'hui,
sinon que les mêmes causes produisent les
mêmes effets ? Deux fois en moins d'un siècle,
la France a été conduite aux pires abîmes pour
avoir laissé porter atteinte aux droits de sa
souveraineté et commis, la coupable faiblesse
de s'en remettre à un seul du soin de diriger
ses destinées.

« Sans doute, pour une jeune démocratie,
l'apprentissage du gouvernement est une tâche
difficile. Qui donc oserait soutenir que la nôtre
s'est montrée inférieure à ses devoirs ? Elle a
fait preuve, en plus d'une circonstance mal-
aisée, de prudence autant que de décision et
de sang-froid. Elle a résolument pris son parti,
comme il le fallait, des laborieux enfantements

du progrès. Quoi qu'on fasse pour la séduire ou la tromper, elle ne se laissera plus aller au courant de la servitude pour éviter les écueils de la liberté.

Et maintenant, tournons-nous du côté de nos armées de terre et de mer, qui, à travers les vicissitudes du temps, sont restées notre orgueil et notre espérance. Elles travaillent dans le silence, la discipline et la fidélité à nos institutions, à la préparation sans fin des forces défensives du pays. Qu'elles reçoivent, l'une et l'autre, l'expression de notre patriotique et fraternelle sympathie.

Oui, je saluerai avec enthousiasme, comme vous, l'aube du jour où la force cesserait de primer le droit, où la sagesse des gouvernements et des peuples inscrirait à la tête du code des relations internationales cette déclaration d'un principe nouveau dans le monde : « Le droit prime la force ».

Oui, nous appelons de tous nos vœux l'heure où sera enfin répudié ce reste de la barbarie,

14

le règlement des conflits entre les nations abandonné aux hasards et aux atrocités de la guerre.

Mais pouvons-nous changer, à nous seuls, les dispositions de l'Europe et rester sourds au bruit de ses armements ?

Nous sommes donc contraints à nous résigner, en bons patriotes que nous sommes, à tous les sacrifices qu'exige impérieusement la sauvegarde de notre sécurité, et, si le malheur voulait que la France eût à défendre son honneur et son territoire les armes à la main, pour rien au monde il ne faudrait — souvenons-nous de 1870, — qu'on pût nous accuser de n'avoir pas tout fait pour frayer à la vaillance de nos soldats le chemin de la victoire.

Je lève mon verre à l'avenir de la démocratie et à l'honneur du drapeau. »

Le second discours que nous devons à la complaisance de M. Boyer d'Agen ne fut pas prononcé devant le monument, tant la foule y fut prompte à rompre les barrières et à envahir l'estrade même de l'orateur.

Nous croyons qu'il y a intérêt à le reproduire intégralement :

« La pensée qui nous réunit au pied de ce monument est une de celles qui font l'accord entre tous les esprits et toutes les consciences. La gloire est le patrimoine commun de tous les Français, et la mémoire de nos citoyens tombés sur nos champs de bataille pour la défense du territoire a droit au témoignage éclatant du respect et de la reconnaissance de la nation.

« L'Histoire, cette servante aux cent voix de la Renommée, ne célèbre d'habitude, dans ses pages consacrées à l'honneur de nos armes, que les noms des capitaines qu'illustra la victoire ou dont la fortune contraire accabla la vaillance ou le génie. La piété du peuple descend plus bas ; elle va jusqu'aux plus humbles de nos soldats, enfants sans nom de nos villes et de nos campagnes, héros obscurs du devoir dont les mâles vertus, dignes héritières des vertus d'une autre époque, méritent d'être glorifiées en un jour comme celui-ci, où la manifestation que leur souvenir provoque prend le caractère d'une véritable apothéose.

C'est le grand honneur du *Souvenir Français* d'avoir fait appel aux plus nobles sentiments de la nature française et d'avoir patiemment groupé autour de lui, en une association dont le patriotisme cimente les liens, des hommes accourus à sa voix de tous les points de l'horizon, dont les divisions ou les querelles s'effacent pour donner libre cours, dans une cordiale étreinte, aux plus douces et aux plus hautes émotions de leurs âmes. Ne sont-ils pas jaloux de montrer, les uns et les autres, que, sur le terrain de la défense nationale, la France est une, indéfectible, incapable de laisser briser le faisceau de ses aspirations et de ses énergies, toujours prête à donner l'exemple du calme dans la force et de la virilité dans le péril ?

« D'où vient que notre civilisation qui, depuis tant de siècles, a brillé avec un si vif éclat dans les travaux de la paix, qui a si puissamment contribué, par l'émancipation de la pensée et le rayonnement de la justice, à l'adoucissement des mœurs, ait été si souvent obscurcie par les horreurs de la guerre ? D'où vient que la fatalité nous condamne à voir tant d'évolutions de l'humanité douloureusement marquées par de terribles hécatombes ?

« Des esprits élevés, ardents au bien, serviteurs passionnés de toutes les nobles causes, se sont rencontrés pour propager dans le monde comme une sorte d'Evangile de la paix.

« L'indifférence et l'ironie ont bien pu accueillir leur généreuse entreprise. Certains rapprochements des gouvernements et des peuples attestent que la semence n'est pas sans avoir germé. Si c'est une chimère de croire à la moisson, cette chimère du moins ne coûtera ni une larme, ni une goutte de sang.

« L'idée de Patrie, qui illumine la marche de ces hardis précurseurs, n'en sera, dans tous les cas, ni affaiblie ni altérée. C'est elle, quoi qu'on fasse, qui inspirera toujours les desseins de notre politique, l'héroïsme de nos soldats.

« Qui ne l'aimerait donc pas, la patrie, de toute la force de son être ? N'est-elle pas faite de nos traditions séculaires, de nos gloires sans rivales, de nos revers sans miséricorde, du génie de nos grands hommes, écrivains, penseurs, poètes, savants, orateurs, artistes, capitaines couronnés par la victoire ou sacrés par le malheur ? N'est-elle pas faite de l'éclat de nos cités, du charme de nos villages, du sol qui recouvre les restes de nos générations disparues, de l'industrie dont la puissance égale les merveilles, de la terre que féconde le travail des laboureurs ? Elle est tout cet ensemble admirable dont la pensée nous pénètre et nous domine, qui remue nos cœurs, exalte nos âmes, et dont le juste ascendant permet à cette haute personne morale, qui s'appelle la France, de faire grande figure dans le monde et d'imposer le respect.

Une nation peut tomber sous les coups de la force. Mais, quand l'honneur est resté sauf, ni le long espoir, ni les vastes pensées ne lui sont interdites, si ses enfants gardent pieusement au cœur le culte de la patrie, de la religion du drapeau. »

Quand on vient de lire d'aussi nobles paroles tout commentaire ne semble-t-il pas superflu ?

XXIV

LES VOYAGES PRÉSIDENTIELS

XXIV

LES VOYAGES PRÉSIDENTIELS

Depuis qu'il a été appelé à l'Elysée pour succéder à M. Loubet, M. Fallières a accepté, à deux reprises, les invitations qui lui ont été faites, tour à tour, par les départements des Bouches-du-Rhône et du Lot-et-Garonne.

M. le Président de la République quitta Paris le 14 novembre.

Après deux arrêts à Arles et à Aix, le train présidentiel arriva à Marseille à dix heures quarante.

Les premiers souhaits de bienvenue échangés avec le préfet et les représentants du département, le cortège se forma aussitôt. M. Fallières monta dans un landau de gala attelé en daumont avec M. Chanot, maire de Marseille, et

M. Lanes, secrétaire général de la Présidence.

Dans les autres voitures : MM. Henri Brisson, Thomson, Leygues, Briand, Etienne, Dujardin-Beaumetz prirent place.

Après les réceptions officielles à la Préfecture, déjeuner intime auquel assistaient les ministres.

Puis à quatre heures M. Fallières alla visiter l'Exposition coloniale ; le soir, il offrit à la Préfecture un grand dîner auquel assistaient le contre-amiral de Matta de la marine espagnole, l'amiral Moreno, commandant la division navale italienne, et le capitaine de vaisseau William Slory, commandant du vaisseau britannique le *Cumberland*.

Le lendemain après une visite au Conseil général et à l'Hôtel-de-Ville, le Président de la République inaugura le monument de la mutualité et se rendit au banquet qui lui fut offert par le le Conseil général, la municipalité et la Chambre de commerce.

Dans l'après-midi, il passa la revue navale de

l'escadre de la Méditerranée et quitta Marseille le 16 à 6 heures du soir.

Deux semaines plus tard, — le 28 septembre — M. le Président de la République quittait de nouveau Paris et se rendait dans le Lot-et-Garonne où l'attendaient des compatriotes heureux de saluer un illustre concitoyen.

Nous renonçons à décrire. De Marmande à Nérac, de Nérac à Agen et d'Agen à Mézin, ce ne fut qu'une longue ovation. Tous les cœurs du département ont battu à l'unisson pendant ces trois inoubliables jours de fête et, sans doute, de tous ses triomphes, celui qui dans les souvenirs de notre vénéré Président, doit être le plus cher à son cœur, c'est de se rappeler parfois les ovations de tout un petit peuple qui l'aime et l'apprécie depuis longtemps déjà.

Il y a vraiment des spectacles qu'on ne saurait rendre. Il faut les voir pour y croire et jamais la plume d'un grand artiste ne pourrait donner même une idée très incomplète de ce que fut ce merveilleux voyage accompli sous un ciel bleu, éclairé par les rayons d'un soleil de feu et illuminé par les prunelles veloutées des Agennaises, dont la réputation n'est plus à faire...

Durant son septennat M. Fallières accomplira encore beaucoup de voyages présidentiels. Gageons que celui dont il gardera surtout un souvenir fidèle, ce sera celui des 29 et 30 septembre et 1er octobre 1906.

XXV

MONSIEUR ET MADAME FALLIÈRES

<h1 style="text-align:center">XXV</h1>

MONSIEUR ET MADAME FALLIÈRES.

Depuis le jour lointain où les cloches de l'église de Nérac carillonnaient pour annoncer le mariage de Mlle Jeanne Besson avec un jeune avocat républicain, plus de quarante ans sont passés.

Et quand Mme Fallières jette aujourd'hui un regard en arrière elle doit sourire des conseils apeurés de sa famille qui n'était pas favorable à son mariage, sous prétexte que son mari — que certains trouvent aujourd'hui trop modéré ! — était une sorte de révolutionnaire.

Mais la jeune fille avait confiance dans celui qu'elle aimait et qui était aussi l'ami de sa pensée. Elle savait que ce fiancé soi-disant « révo-

lutionnaire » était en réalité un homme d'intelligence avertie et de cœur généreux... Et sa
volonté bien arrêtée d'être sa femme ne fléchit
devant aucun conseil. Elle se promit d'être
pour lui un précieux auxiliaire, de le suivre pas
à pas dans sa carrière politique et de lui faire
la vie douce, aux heures de tristesse et de
désenchantement.

Femme exceptionnelle, tendre et dévouée,
Mme Fallières a réalisé ses promesses. Poussée
par l'amour qu'elle avait pour son mari, elle
s'est donnée pendant quarante ans à cette
tâche.

Une femme qui sait juger et juger excellem-
ment, Mme Berthe Delaunay, n'a-t-elle pas dit :
« avec cette mentalité des femmes de la géné-
ration précédant la nôtre, elle n'eut d'autre
idéal que la prospérité du foyer. Par tous les
moyens, elle contribua à affermir la notoriété
de son mari l'entourant d'amis éprouvés, écar-
tant les ambitions suspectes et les hommages
intéressés. Aussi, chose rare pour un homme

politique, M. Armand Fallières n'a pas un ennemi, il est estimé même de ses adversaires.

« Simple, de goûts modestes, peu mondaine,
malgré la situation en vue de son mari, tour
à tour conseiller général, maire de Nérac, député à trente-deux ans et six fois ministre,
elle reste volontiers dans l'ombre, se consa-
crant uniquement à son mari et à ses enfants.
Une harmonie antique règne dans cette famille
où les cœurs battent à l'unisson : *Cor unum et
anima una* ».

Tout en étant la compagne dévouée et la
collaboratrice de tous les instants pour son mari, Mme Fallières s'est occupée avec un soin
jaloux de l'éducation de ses deux enfants. Sa
fille est la fée du logis comme son fils André en
est l'espoir.

M. André Fallières, ses études de droit ter-
minées, s'est fait inscrire au barreau de Paris,
où l'on apprécie déjà son éloquence. Don sang
ne peut mentir.

Notre présidente a gardé l'activité et la spontanéité de la méridionale. Sous son front encadré de cheveux à peine grisonnants, ses yeux expressifs disent la mobilité de ses pensées. Son visage, empreint de gravité, révèle sa bonté naturelle.

Tous ceux qui ont eu l'honneur de l'approcher dans les ministères, à la Présidence du Sénat, à la Présidence de la République ou dans la chère retraite du Loupillon où elle a vécu sans doute les heures les plus douces, savent avec quelle bonne grâce elle reçoit et ils conservent, gravé au cœur, le plus charmant souvenir.

Si Mme Fallières — au lieu d'être simplement une femme d'esprit, bonne et dévouée, avait encore des ambitions nouvelles, elle pourrait se dire avec un légitime orgueil, en songeant aux hommages dont on entoure M. Fallières :

— Ceci est un peu mon œuvre.

Et vous pouvez être certains que M. le Président de la République ne contredirait pas la digne compagne qui a embelli la meilleure partie de son existence, celle qui reste encore sur la brèche, à l'heure présente, et lui aide à supporter les quotidiens soucis d'une charge glorieuse et qui couronne à point la plus brillante des carrières politiques.

TABLE DES MATIÈRES

Vannes. — Imprimerie LAFOLYE Frères.